歷乘

明崇禎六年刊

「历乘」(即山东历城县志)十八卷，明刘勑撰，崇禎六年刻本。是历城县志中最早的刻本，公私各家書目均不見著录。

本書原缺：第十六卷第四十七頁；
第十七卷第四十四至五十七頁；
第十九卷第十一頁。

原書高二七公分　闊一八公分
板框高二一公分　闊一五·五公分

定价：八元八角

影印説明

中国書店負有为学术單位和專家学者供应古旧書刊資料的任务。几年来，曾取得一些成績，但解放以前的古旧書刊流傳日少，而有些書刊在研究工作中又很需要。为了解决这个問題，並流傳祖国文化遺产，进一步貫徹古为今用的方針，我店选擇内容具有参考、研究价値，而又不必大量出版的書刊，根据需要和可能的情况，採取抄写、油印、木板刷印、影印等办法，加以复制。以补專業出版社之不足。

对于选擇和复制工作，我們还缺乏經驗，可能存在不少缺点。希望学术單位和專家、讀者不吝指教！俾使此項工作不断得到改进，以便更好地为社会主义文化建設事業服务。

北京市中国書店一九五九年八月

創修歷城縣志序

周官外史掌四方之志小史掌邦國之志古於志通以史領之而志又通謂之史晉志於史明志爲天下之公重也夫岣嶁綠圖以來何地不志而歷下獨無即東海之郡邑棊布星列何地不志而歷下又獨無余于辛未季夏繇般陽以涖茲邑亟索志以攷成事而竊詫其無也不直歷也歷於濟以濟南鼎峙青齊尚亦無志不亦見笑泰山令長白甓雙眉哉然歷邑不侔於它邑必不可無志也都會之邑也有

王國及諸臺藩臬大吏治所無論正經界核吏治觀民風徵文獻咸於志是稽而濟名首郡歷亦名首邑其沿革星野山川形勝廟學典祀風俗民數田賦徭役倉儲兵防秩官宦蹟制科人物之類枝分節解璧合珠聯其體若志表若世家列傳不得與它邑同而可令寥寥歷落乎余妄意螳臂肩巨鰲勒成一家言以積三百年之未備嘻又難言之矣自班固易司馬遷八書爲十志江淹以爲修史之難無出于志鄭樵亦云志者憲章之所係必老於典故然後能爲藉令歷綴于

郡為附而特表章之則邠也若附
猶全體之一肢而邠則畢現全體
也屹立於無志之郡竟桓文之雖
覇而王保其必詳必確必徵必信
錯綜上下數千年之變以垂不朽
乎賴鄉大夫君授劉先生品望一
時鼎重而三長之才直排左馬之
室奔走孟堅於廡下者亦閔予妄
志苦志而勇諾乎志余病徇馬且
奉
新命戒行未克襄事不意別先生未
半朞伻來告成矣非先生鑒裁弘
遠知識周悉迅不及此縱襟一披
子玄十體可黯然無色余何幸坐

享其成也雖然余竊于是有感余
自釋褐卽從事大東私嚐大東之
受病究毒於大之之名而滲其實
盜竊于兩漢胡割于六朝唐阻于
河北宋盡于江南藉令大東沃壤
方輿之半枝梧到今已成羸弱一
二閒識者尚幻作靡麗粧點風景

正譬之貧家不安貧耳入遂艶爲
大東仍昔之大東也窮民窮苦卽
涕面碎舌嚮人而人不然令甚之
孔賊鴟張殘破萬狀又非余下車
時之大東矣每一念及淚簌簌下
幸此志成后君子不鄙夷譏草一
覽戶口物力風俗盛衰損益之變

而從茲商圪之令大舜所耕之歷
薰風喣喣起焉東人庶其瘳乎此
余不揣妄志若志力䟽三百年未
有之歷志初志也敬拜嘉劉先生
大造小子之志而掇其始末於首

崇禎五年壬申冬吉

賜進士第文林郎戸部雲南清吏司
主事前歷城縣知縣古定陽啓之
郭永泰謹叙

創修歷乘序

衛與魯為魚鱗馬齒之邦歷之名山勝水常在寤寐間比釋褐即欲學明道先生註籍為海岱之遊乃僥天幸分符於此竊竊喜曰吾願遂矣一抵歷事務蝟集日執手板謁上官且羽檄旁午飛芻輓粟嘔心擘畫日轆轆於緇塵中故吾都失徒使山靈海若笑人耳亟欲得志以供臥遊弗得也余嘆曰歷省會地志竟缺焉弗修可異哉詢之先是郭大來宰歷時業托君授先生為之矣余欲覩厥成乃執贄而請焉時營稿者什之九入梓者什之一余促先生卒業先生笑曰嗟嗟談何容易哉事有三難創始艱

空則摭拾難世遠人亡則考證難疑信相參則剖決難以一人而兼此三難柰何可以旦夕竣事也居無何先生脫稿矣出以示余余日數千百年父老所不及傳耳目所不及經者何幸得之先生之毫端也然撫今追昔又不能不有慨於中焉沿革代變星野逈屬弗論已山

川猶是山川也爲童爲竭多黯淡之色矣形勝猶是形勝也半頹半圮無美麗之觀矣廟學猶是廟學也風摧雨壞胥爲廢址矣典祀猶是典祀也陳牲獻爵秖爲故事矣風俗猶是風俗也士汚女淫不問名行矣民數猶是民數也流移困苦不勝凋敝矣田賦猶是田賦也巧

弋重科不留石儲矣徭役猶是徭役也飛芻輓粟疲於奔命矣倉儲猶是倉儲也朝撈夕括無復困陳矣兵防猶是兵防也摧鋒陷陣無復鬬志矣秩官猶是秩官也因循苟且無復朝氣矣官蹟猶是官蹟也碌碌庸庸無復豎立矣制科猶是制科也寥寥落落不啻辰星矣人物猶是人物也泯泯没没不聞賢豪矣興言至此真令宰是土者觸目而酸心也夷考其故一由於卯辰之祲山以東父子相食流穴已空迄今元氣未復也一由於鄒滕之變妖氛沸起干戈繁興迄今瘡痍未起也一由於孔賊之叛殺人屠城經年累月迄今敵愾未王也安

望昔所稱泱泱大國風哉余心憫焉而力未之逮故日敝敝焉補其缺失修其廢墜恤其疾苦釐其奸弊晝不足而宵續之鹿鹿顛童神瘁不顧不翅身爲家督而理其鹽米也者一載於茲歷邑稍有起色猶有心欲行而格於勢已欲爲而狥於人者則又能不需之時日也獨

是此志以數百年之缺典而躬逢其成藉手獻之上臺以爲觀風之助則余所大幸也夫余所大幸也夫

賜進士第文林郎知歷城縣事貴養性
撰

創脩歷乘序

山東之國歷居其首二百餘年于茲而志爲載事之書顧闕焉弗脩匪獨文獻無徵亦滋茲土者以簿書旁午委耳先是李世臣學憲申清門叅知檄歷城令呂初陽公俾遣余廬而請余曰嗟乎志難言矣志者史也騁才肆意向聲背實工攄摭而迷于黑白崇文飾而無關法誡如謝承之偏黨吳越魏收之盛誇胡塞私也漢書之鳧舃登朝晉典之蛇鰍穿室幻也土安說箕山之跡令昇信葉縣之靈惑也若丘明馬遷自成一家足垂不朽者幾人矧余才不足以羅古今識不

足以剖疑信贍不足以章孅紀善直
抒其胸臆而謬以附作者之林恐左
馬兩君子貽姍地下矣遂遜謝未敢
承令
上辛未陳幼公方伯入計
上召平臺問錢穀戎馬因
命職方廣求四方志以察阨要歷獨無

之陳公穆然咨嗟曰誰司牧責而令
觀風者茫無據也遂語郭令公大來
郭令銳然任之桼璧馬之費赤白之
羽日以交集且席未煖而序遷去儆
裝之日持玄纏而過余曰吾蒞茲土
公生茲土舍此不志無志矣余不敢
過拒勉任之第以二百餘年之闕事

前無所祖述後無所考證核僞必以
目證耳徇聲則以譌亂眞且孝子慈
孫欲揚其先美公卿大夫欲張其治
狀一不當意必任其咎幾欲自廢以
俟來哲乃督學湯參公暨藩臬郡邑
諸貴人皆欲睹其成不得已引爲已
任集門下士開館分曹窮幽搜隱孰

三寸管從事腹摩指擘目鶩舌勞弗
顧也雖其才其識其膽不人若而謂
爲私爲幻爲惑則不敢矣此志出則
域封何野之分建置何代之制山川
何勝人物何里教化何飭貯精何具
官師孰卓異而可模表宅殊疆者孰
可范而可誡課征籍詘弊何時之滋

滛奢狡猾何法之禁皆犁然掌股間觀風者一寓目不油然思勃然起動吊古傷今移風易俗之想者未之有也雖然周時有獻三足烏者或言一足僞天后日但得史册傳烏用察其僞劉北輿摘五代史之謬以示子贍子贍曰爲史網羅數千載事以成一

書豈能無少得失是非難真議論難平自古爲然耳先聖有言賢識大不賢識小余亦不僅爲其小者以自附于外史云知我罪我奚䘏哉書成獻之方伯陳公公嘆曰非志也史也史有君子小人之異左丘明司馬遷君子之史也謝承魏收小人之史也是書

也君子哉其左馬之流亞乎匪茀爲
觀風之助異日者當持以獻
天子
崇禎五年壬申冬長至日文林郎知
陝西西安府富平縣事邑人劉勅撰

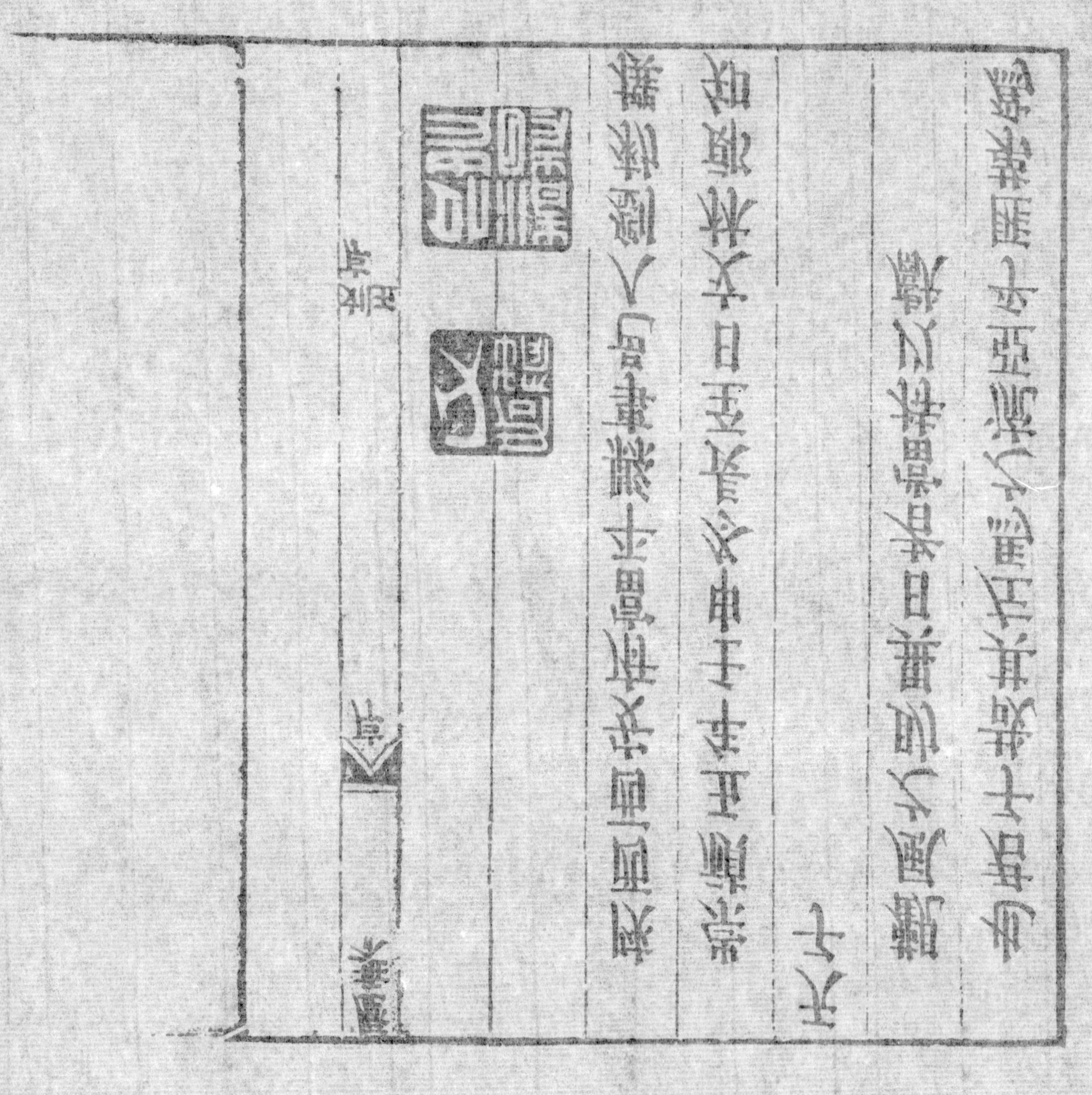

總論

邑人劉敕撰

論曰天地逆旅也光陰過客也滄桑千年一變人國轉盼成墟自質非金石孰能不朽今來古往非載事之書不傳人死名留非文人之筆不重故春秋作而斧鉞嚴遷史出而古今備卓哉此千百世史家之標牙也彼歷城東國望邑志書竟闕焉弗修匪第任事之無人抑亦斯文之有待耳余乏孔璋之才敢肩司馬之任覼縷强受事擴摭成書惟茲海岱雄藩幅幀遐寫交牙錯繡舉目瞭然作圖經考山川精氣上發於天青陽玄枵窮壤相綴作星野考禹貢晝州首稱封濟分方表鎮疆域繇稽作輿地考疆域割裂郡國瓜分因革從之弗恒所麗作沿革考辨其崇卑嚴其署宇翼翼秩秩各如其制作建置考以政以教設有專官流芳鼎臭姓字昭然作官制考厥賦殺繁民月悁悁觀於盈縮可以從政作賦役考澤宮造士匪曰遽廬明於禮樂俎豆乃光作學較考楨至舵獎弗能自售審在選舉法不相沿作貢舉表赳赳武夫干城是寄

禦侮排難國家賴之作武秩表戢裴剪妖綢繆桑
土借箸籌邉以慰拊髀作兵戎表居方辨物土毛
之利陸海咸有豈堪牟漁作方産表天道不遠鑒
觀赫赫惠吉逆凶捷於影響作災祥紀渾璞既琱
人從其譌反漓還醇君子任焉作風俗紀鳶飛魚
躍天地昭察觸物興懷涉之成趣作景物紀竒節
偉伐留人齒頰百世而下仰止無斁作人物列傳
振辭晐英亦足華國事屬足徵莫言猥鄙作文苑
傳說神說鬼互相耳食理所不載事或有之作外
傳綱十八目一百一十九總名之曰彙乘者所以
載歷事云

第一卷
圖經考
六府總圖　濟南府圖　歷城縣城圖　縣治圖
第二卷
星野考
保章氏　史遷　春秋元命苞　通典　堪輿家
漢晉曆志　汪子卿
第三卷
輿地考
山類　水類
第四卷
沿革考
國州郡縣軍路
第五卷
建置考
城池　藩封　公署　里社　村落　書院
驛鋪　壇壝　祠宇　坊表　院園　宮室

橋梁　陵墓　寺觀

第六卷

官制考

縣官　佐貳

第七卷

賦役考

地畝　戶口　均徭　條鞭　夫馬　胥隸

軍餉　稅銀

第八卷

學校考

廟制　聖號　聖像　祭期　祭器　樂器

樂章　樂舞　師生　射禮　鄉飲

第九卷

選舉表

科甲　歲貢　恩選

第十卷

武秩表

世冑　武科　武將　死難　軍額　屯額

俗樂　鄕樂　手鼓

第六卷

官制考

樂官　任職

第七卷

賦役考

第八卷

軍禮　儀物

廻啟　戸曹　行儀　禁亂　夫馬　宿站

學校考

廟制　聖號　聖節　祭器　祭器　樂器

樂章　樂舞　師生　樂譜　樂器

第九卷

鄕樂末

拜申　盧貢　思遜

第十卷

宣祖末

世宗　朱子　朱熹　西雅　軍禮　宣祖

軍器
第十一卷
兵戎表
官丁 營伍 馬匹
第十二卷
方產表
布帛 蔬粟 花草 果木 鳥獸 鱗介
昆蟲 藥石
第十三卷

災祥紀
瑞雲 嘉禾 祥麟 豐年 日暈 星殞
地震 人妖 物怪 大饑 蝗旱 水災
第十四卷
風俗紀
四民 四禮 四時 五美 五惡
第十五卷
景物紀
歷下十六景 明湖十二景

第十六卷
人物列傳
名臣 名宦 列宦 鄉賢 孝子 節婦
烈女 義士 詩人 才女 仙釋 隱逸
僑寓
第十七卷
文苑傳
御製 序 記 傳 疏 文 贊 箴 頌
銘 詩 藏書 石刻
第十八卷
外傳
傳異 傳訛

第十六卷
人物列傳
名臣 名宦 列宦 鄉賢 孝子 節婦
烈女 義士 詩人 才女 仙釋 隱逸
僑寓
第十七卷
文苑傳
御製 序 記 傳 疏 文 賛 說 頌
詔 誥 藏書 石刻

第十八卷
外傳
傳異 傳說

凡例

一志者史也不溢美不隱惡乃稱良史苐恐吹毛太甚故人物之美者必表而出之餘存而不論則衮鉞自昭

一志取備物不貴雕章縟綵假徒摛摭實之則亦糧冊題名碑耳何以示法戒故每款必有論說令觀者穆然以思

一志先定款不總挈其脉絡使義例分明何以令人開卷了然故著爲總論編爲一十八卷綱揭而目附焉庶幾得其條理

一志以載事立名辨義各有取爾槩云爲志則名實弗肖故曰考曰表曰傳曰紀用法太史公

一志貴同人昔之作志者多以築舍廢故余不辟三難妄有是任蒐括不憚幽尋褒貶一無旁借期以續泣麟之筆

一志以傳信然稗官野史之所載有無其理而有其事者存之列於雜記之中亦足以新人耳目

一志屬創脩文獻不足辟之巧匠無梗柟斧斤何

施余不過姑爲草創耳補闕拾遺修飾潤色以成
完書實有賴於後之君子
一志有輿圖昔皆南北易嚮令觀者弗便余乃改
之且兩面合爲一圖可舉目了然
一志乃傳書匪弟可爲觀風之助置之案頭亦足
備一種淸賞倘粗砌不雅必爲此書之累
余剌邳時讀淮陽志穆然嘆曰志在是矣然始
於楊公旭繼於陳公艮山終於陳公文燭經三
先生之手歷五十三載而始有完書余兄受是

事擬擴不旁貸褎剌惟獨裁等傅耳而眎淮精
等文耳而眎淮雅等論耳而眎淮正且也不半
載而竣獨事屬天荒材不人借故需以歲月而
書始出噫嘻美哉是役也歷下三百年之闕事
完矣苦哉是役也余兄百年之心思盡矣倘亦
足與淮志並傳乎

時

崇禎六年夏

胞弟劉擻識

六府總圖說

山東之國跨海襟岱漕河在右腋之間形勝甲於
天下故號曰東秦幅幀千里
三藩六郡碁布其間登萊外戶也青沂近藩也霑沂
委巷也濟兗東堂奧也防於門戶之外則近藩不
受蹂躪始不流奔於委巷而堂奧方得高枕故防
海者登萊爲要青沂次之霑利又次之濟兗東據
上游以壯聲援可耳有地方之責者其睹輿圖而
思防焉

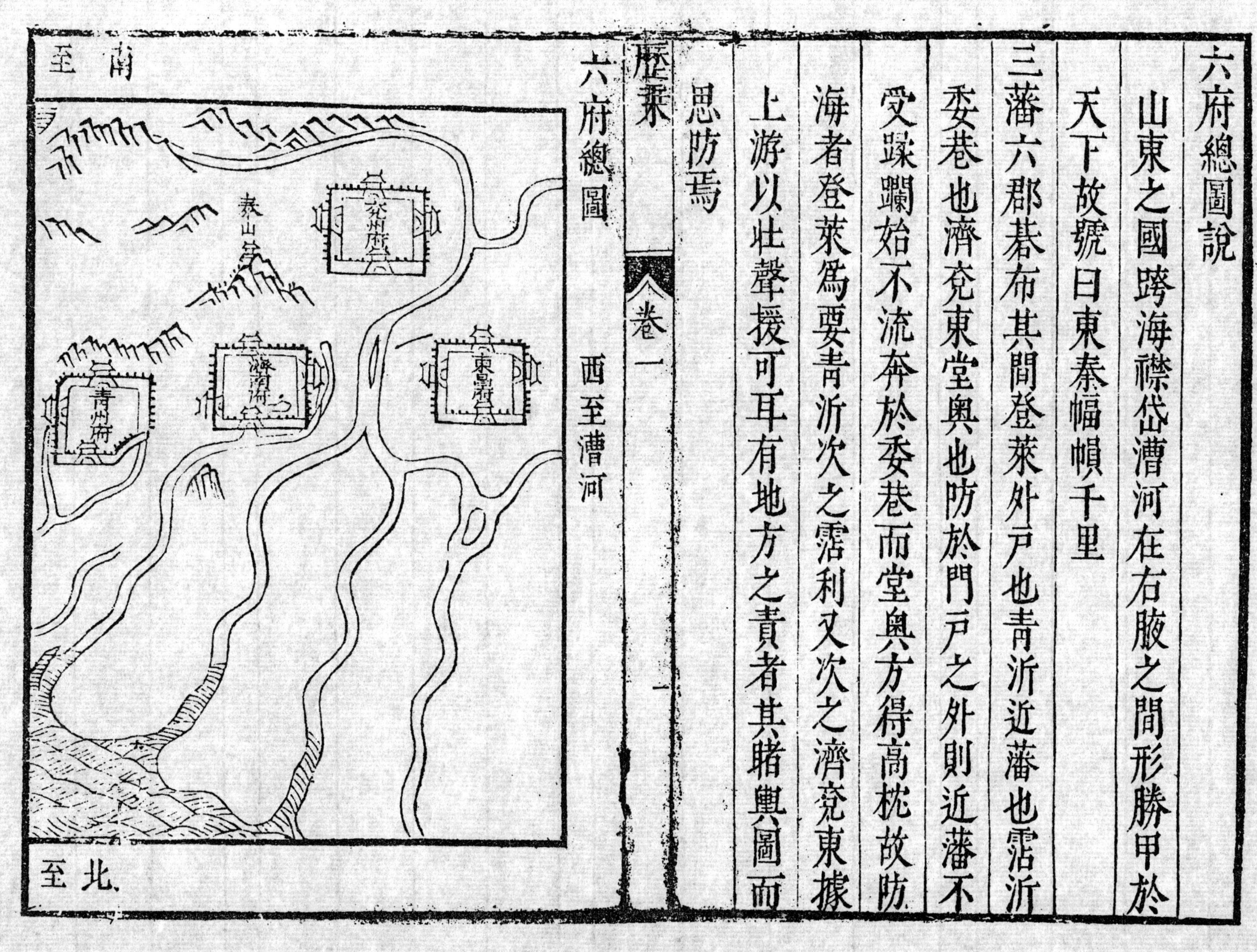

六府總圖 西至漕河

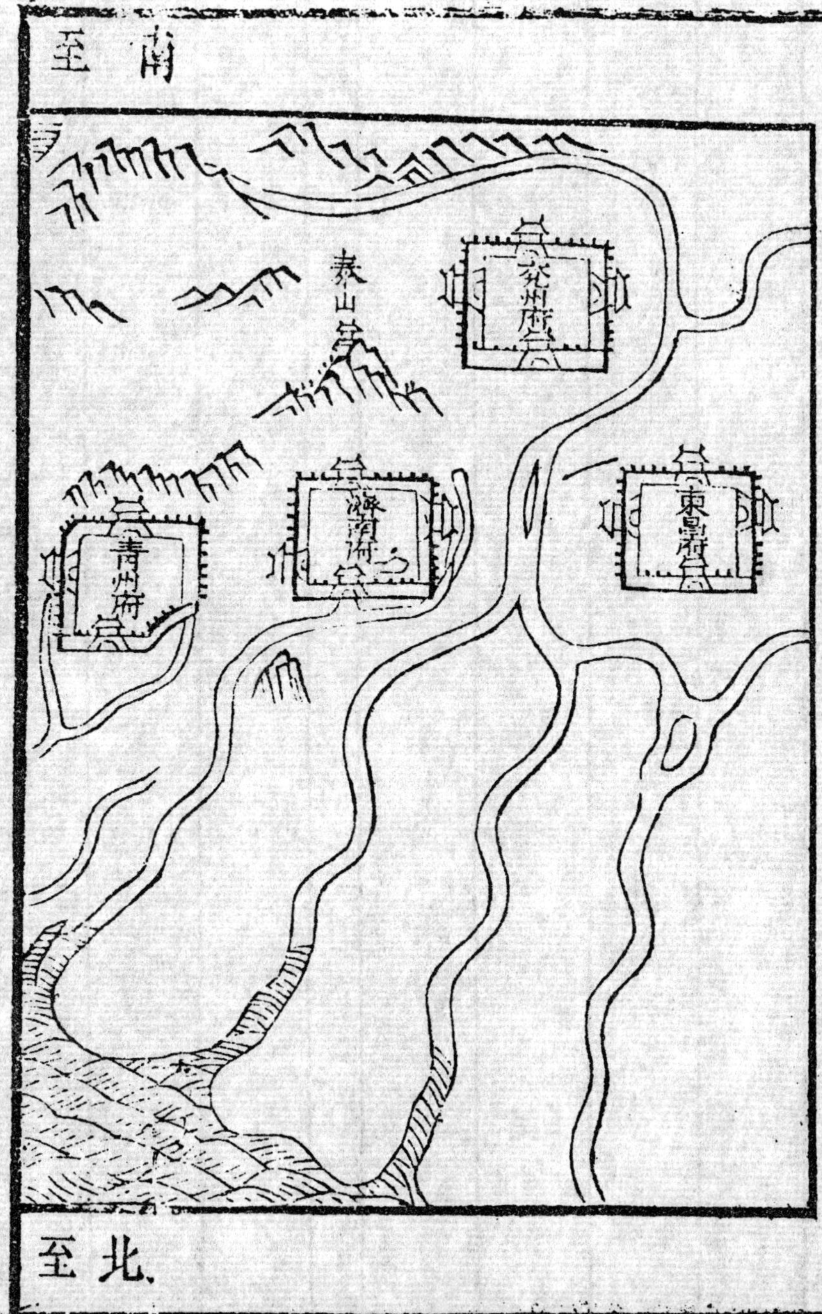

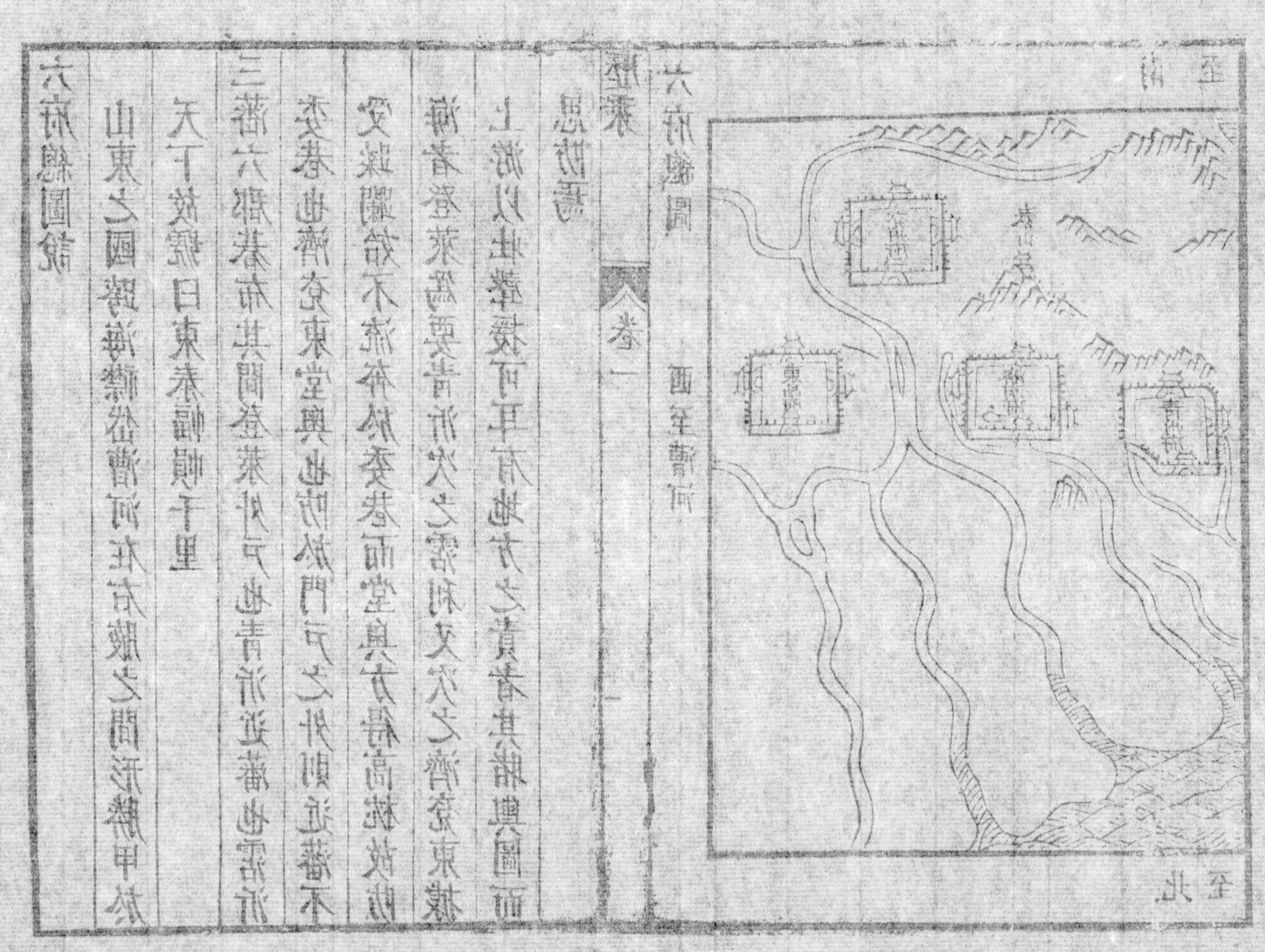

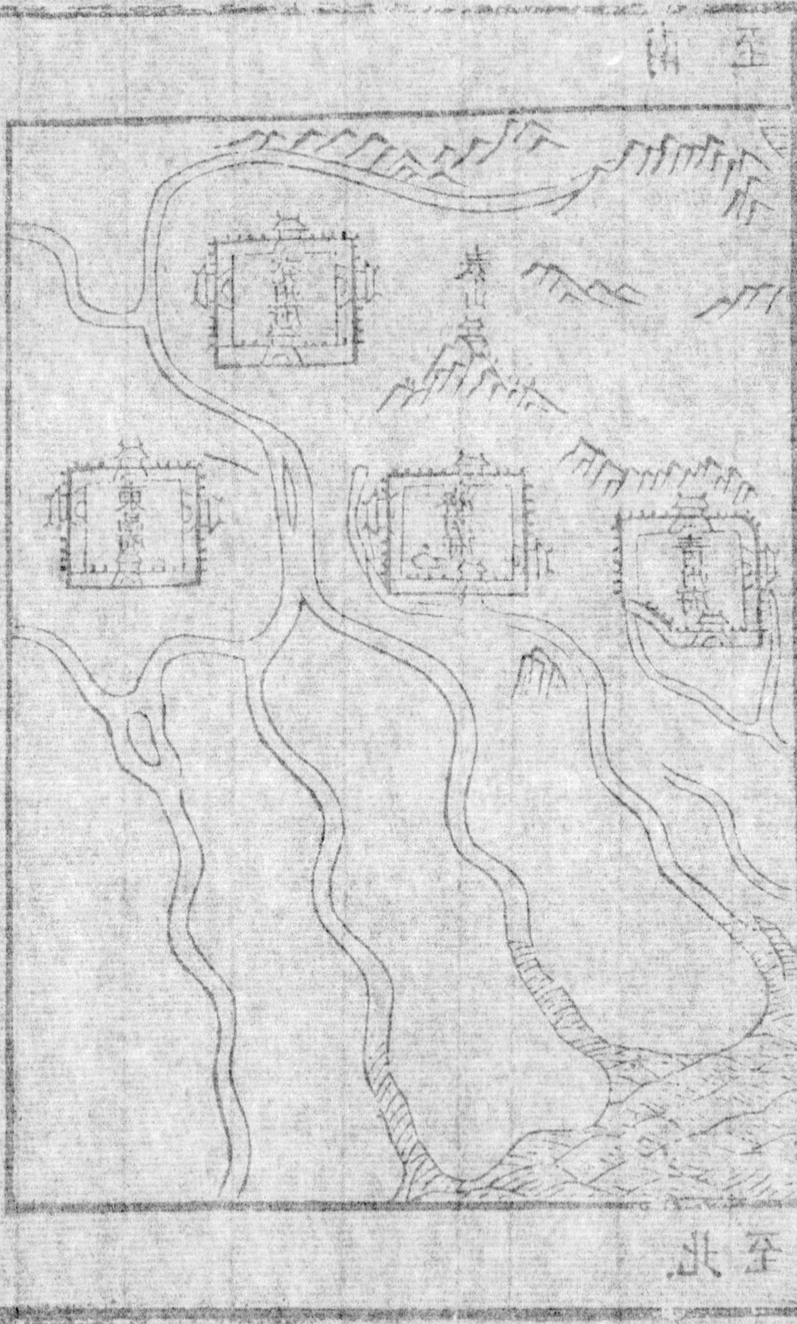

論曰尼父有言齊變至魯魯變至道則東國洵天下之望國也自萬曆卯辰之祲齊魯爲人市崇禎申酉之亂登萊盡鬼鄉迨天崇赤白之羽交加伐毛洗髓以養兵而二東之杼柚空矣昔所稱禮樂之鄉富强之國而今不可睹也昔劉伯溫曰兩山不動則京師無憂今逆賊跋躅於東流寇搶攘於西兩山動矣肩背失而腹心危哉有民社之責者可不畏諸

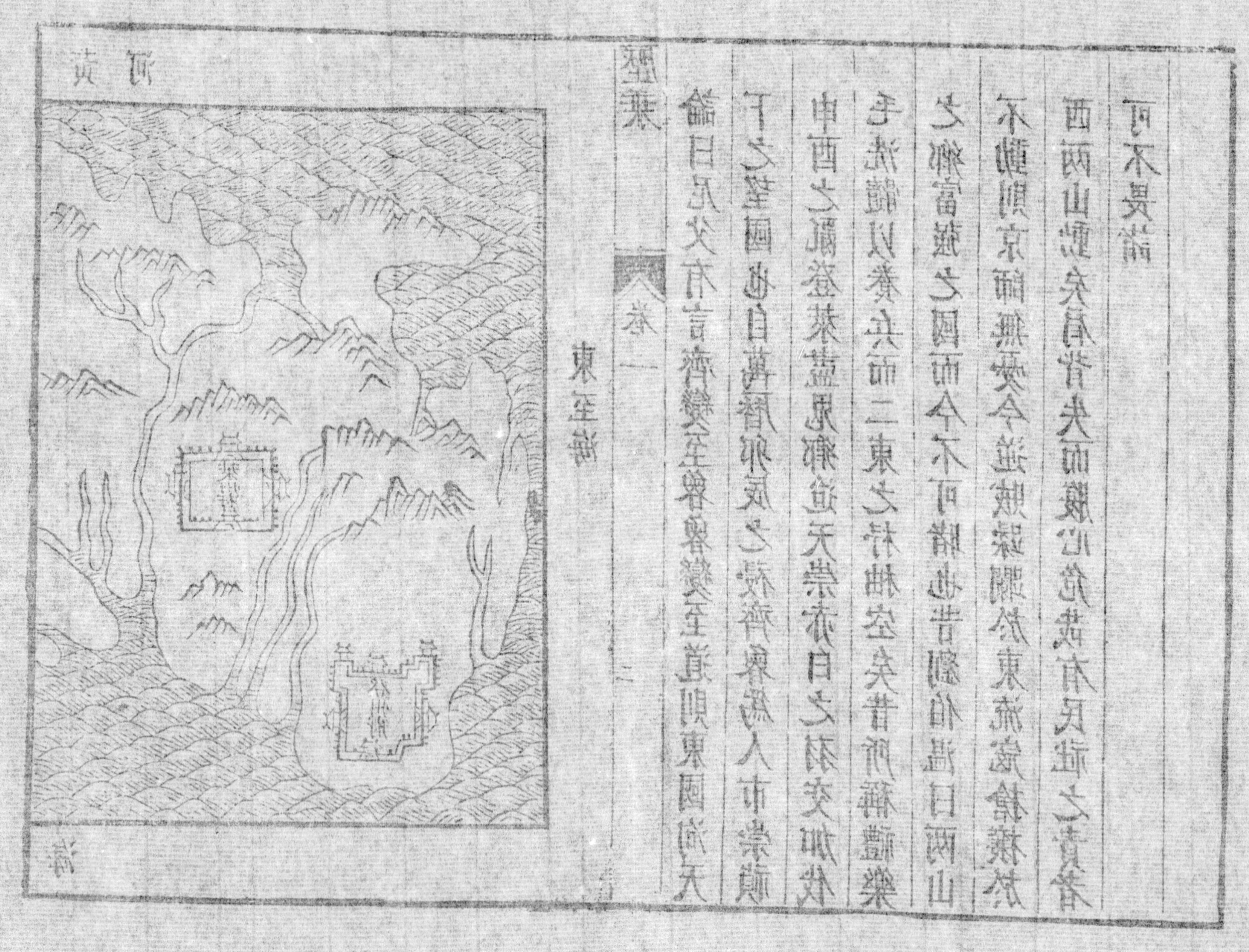

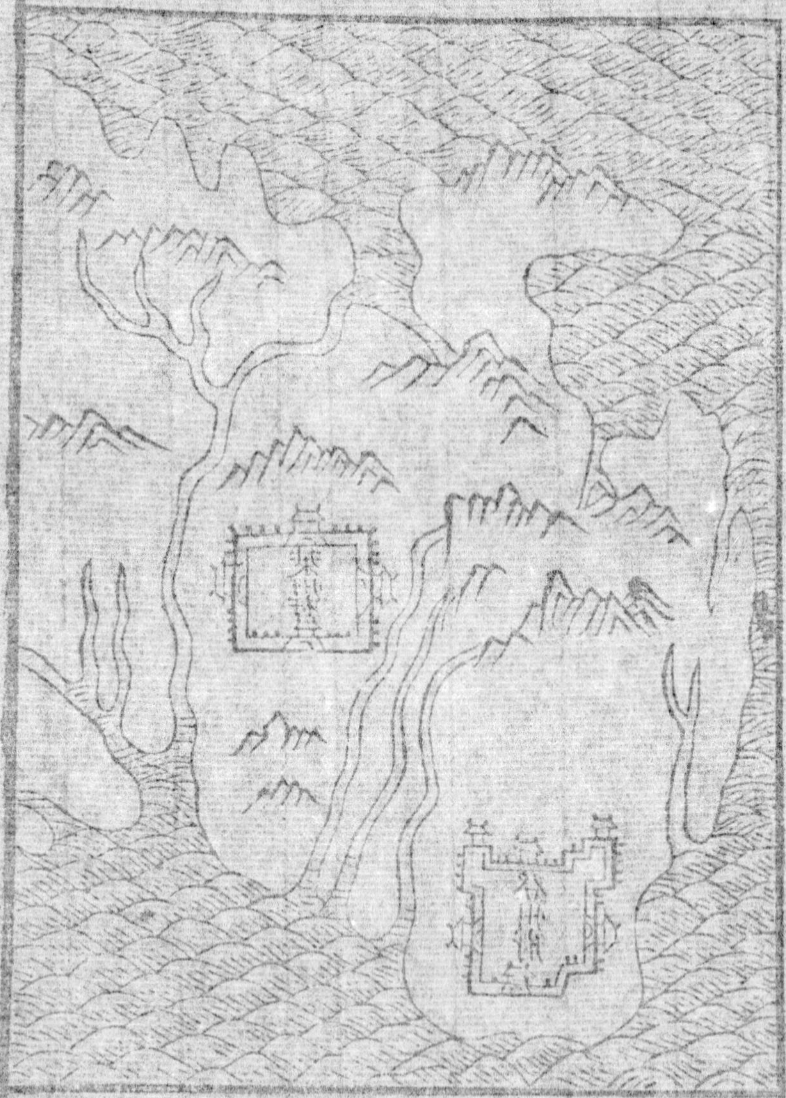

濟南府圖說

山東爲郡者六而濟南其首也是爲會城
德藩摔于其中各公署若星列郡以南岱嶽連陵皆
石田北濱海多不毛地東湖泊未可以畊西濱河
常泛濫爲患洵瘠國也且利津諸邑倭警當備廣
川去天津盈盈一水奴酋時爲鄰震清肥間有遼
賊之害而逆賊流寇又爲流毒則濟南之僅存者
幸也語曰齊民安則天下之民舉安齊民又視濟
民以爲安爲郡守者豈可謂無事而忘衣袽焉

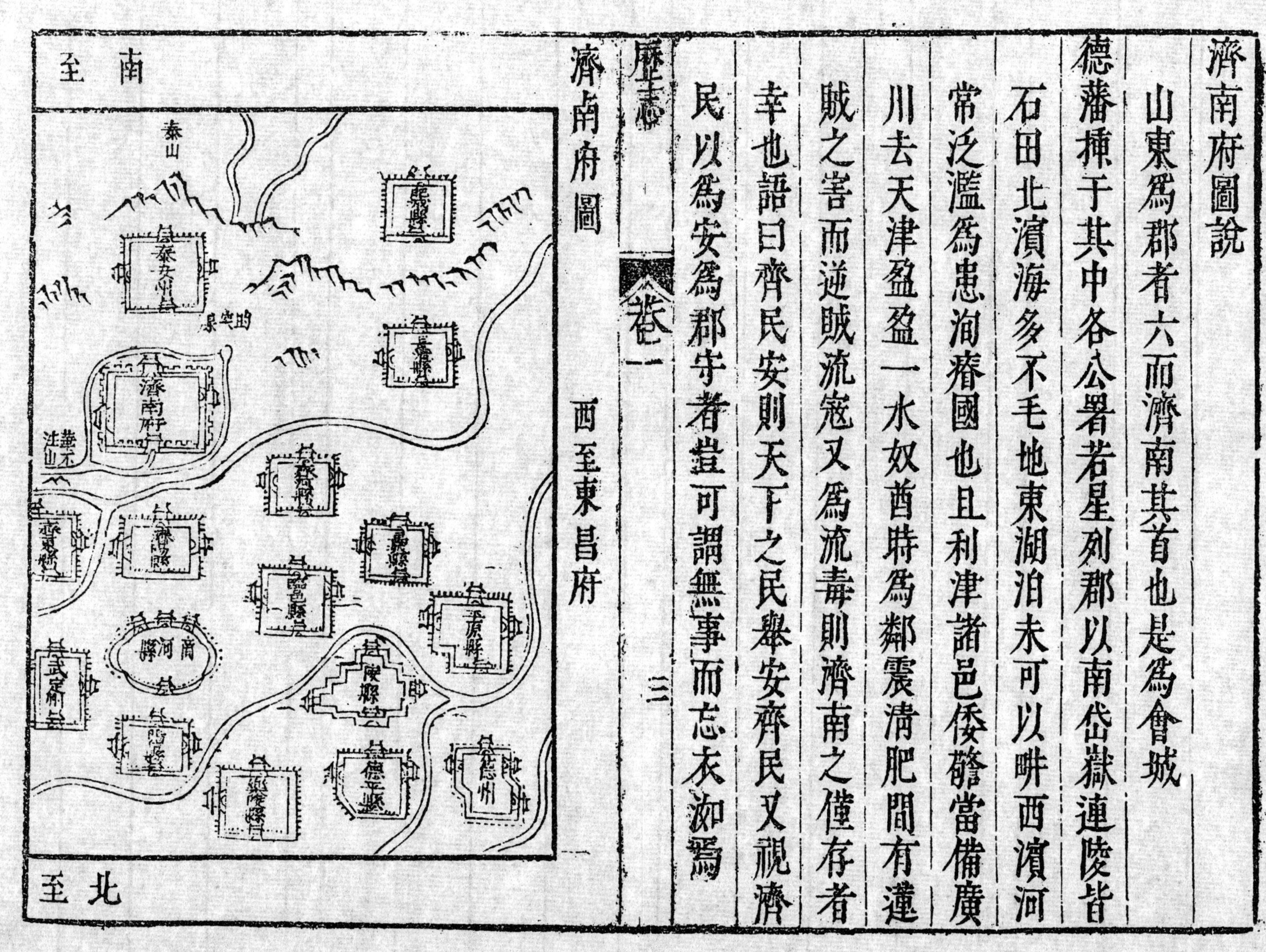

濟南府圖

西至東昌府

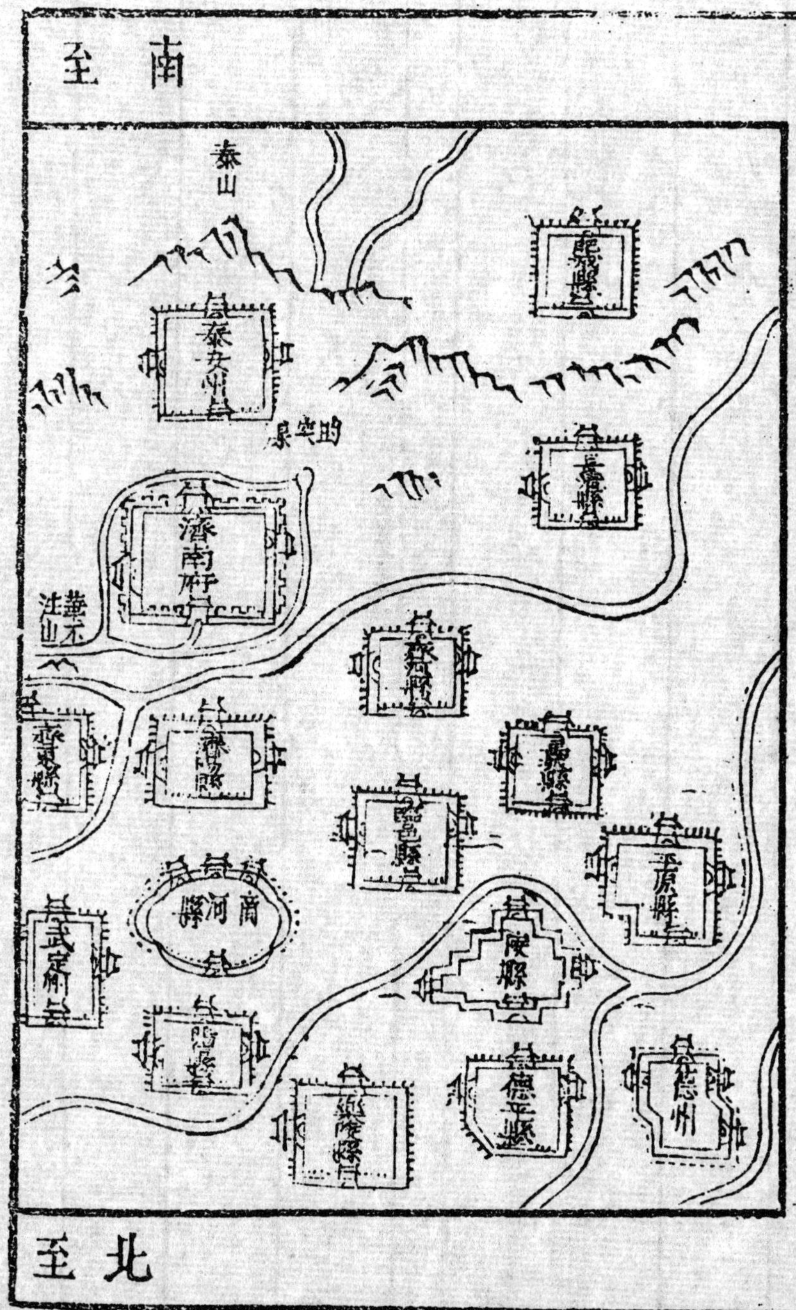

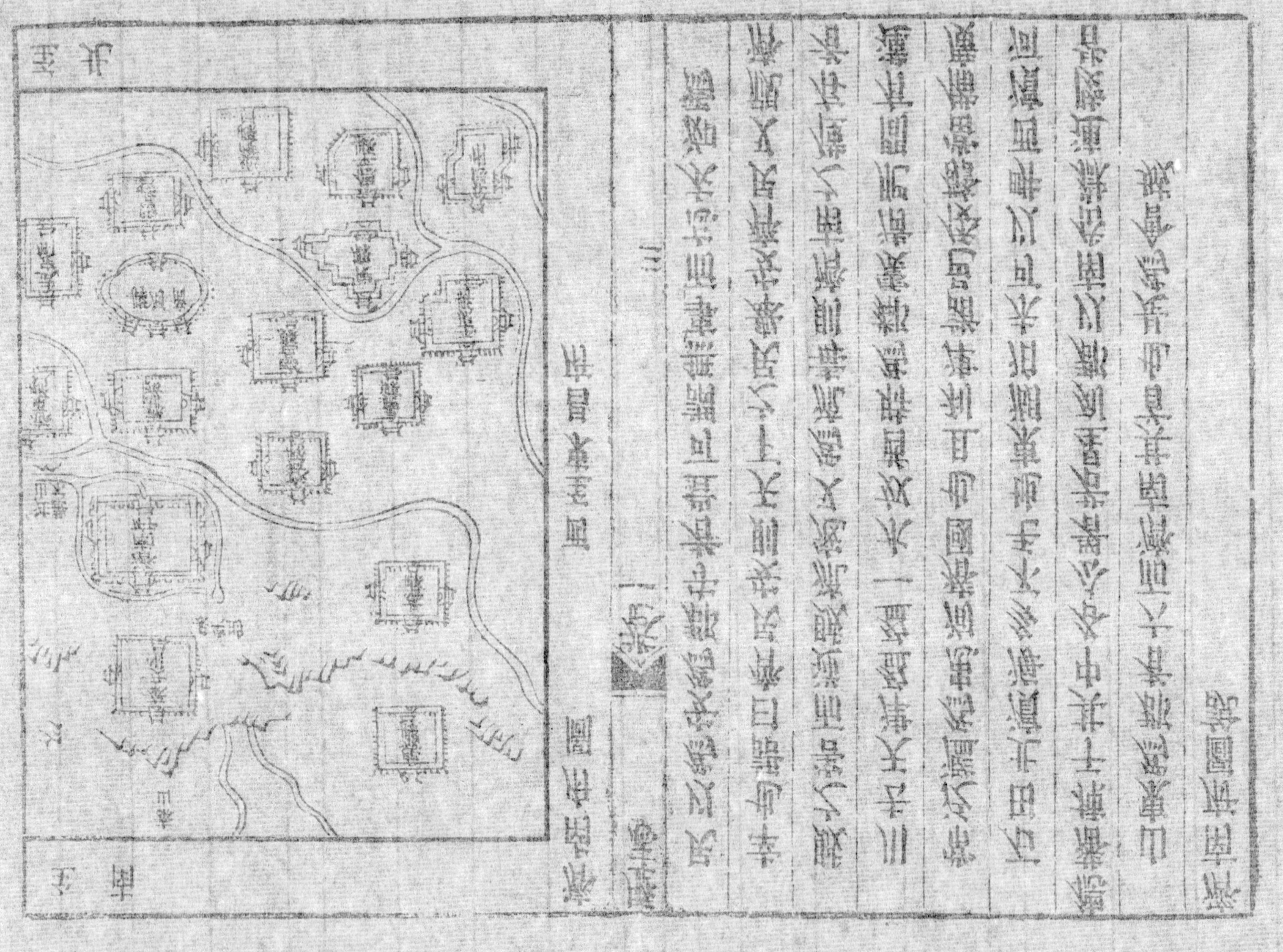

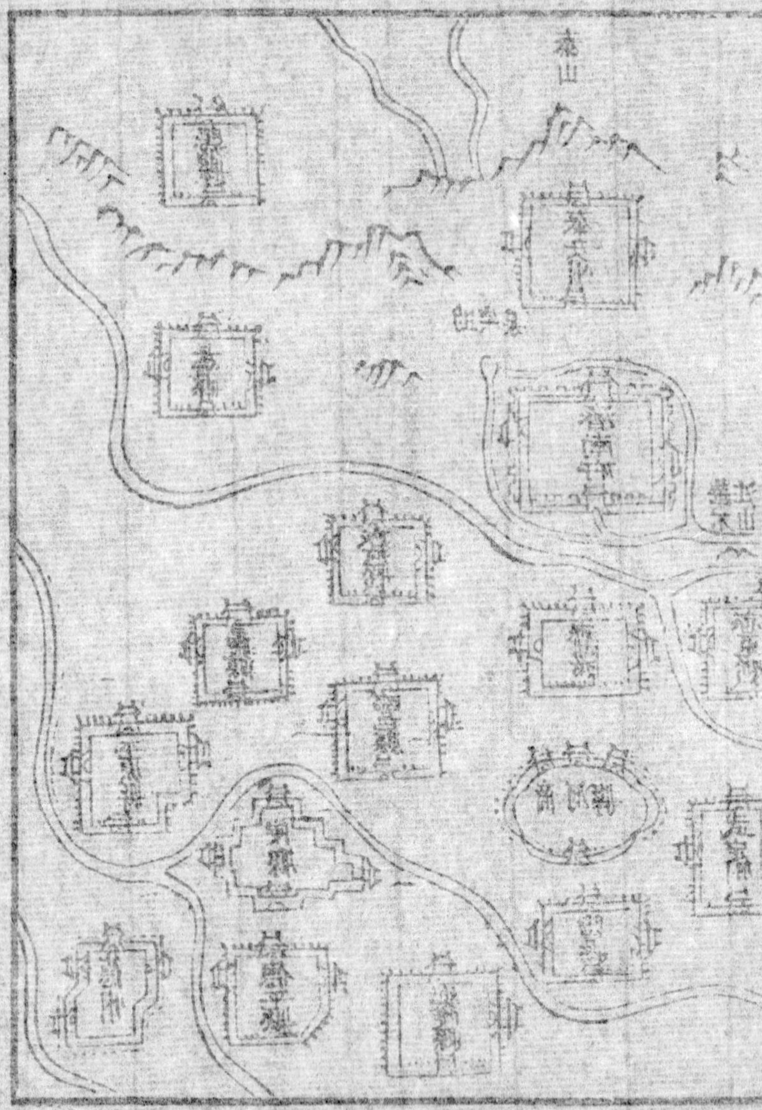

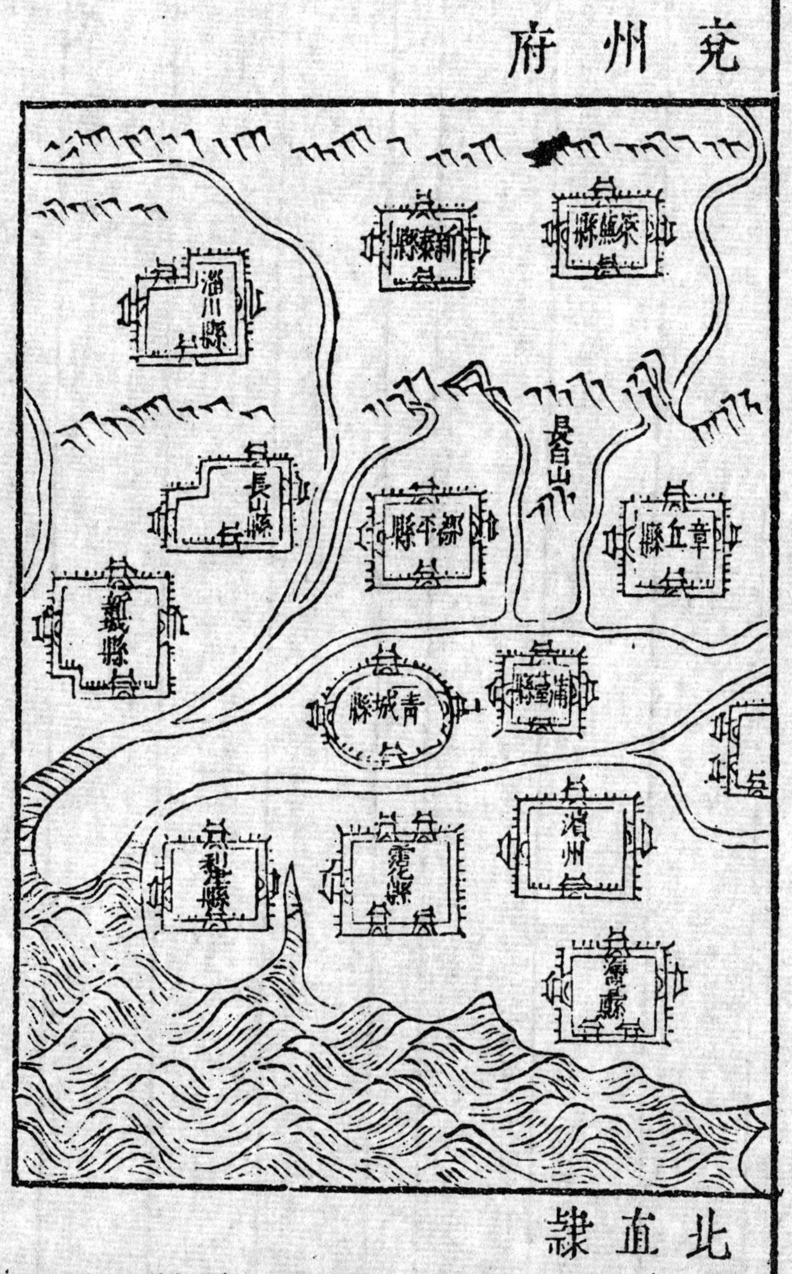

論曰九河湮而齊疆非故六典亡而魯國為墟滄桑雖變而濟之山河如故也貌山繡水濟南猶然濟南耳獨是百司之廢人才之衰品物之貴戶口之耗貢賦之苦風俗之悪節義之壞文章之靡士紳之參商景物之寥落較昔則萬萬不侔何也上有賢守則部屋皆春國有仁賢則川原生色今握郡章者惟簿書催科之是問而一方之利害懵然弗知一旦患生肘腋倉黃莫措則無所致宪故也撫是圖而興思則濟郡其有賴矣

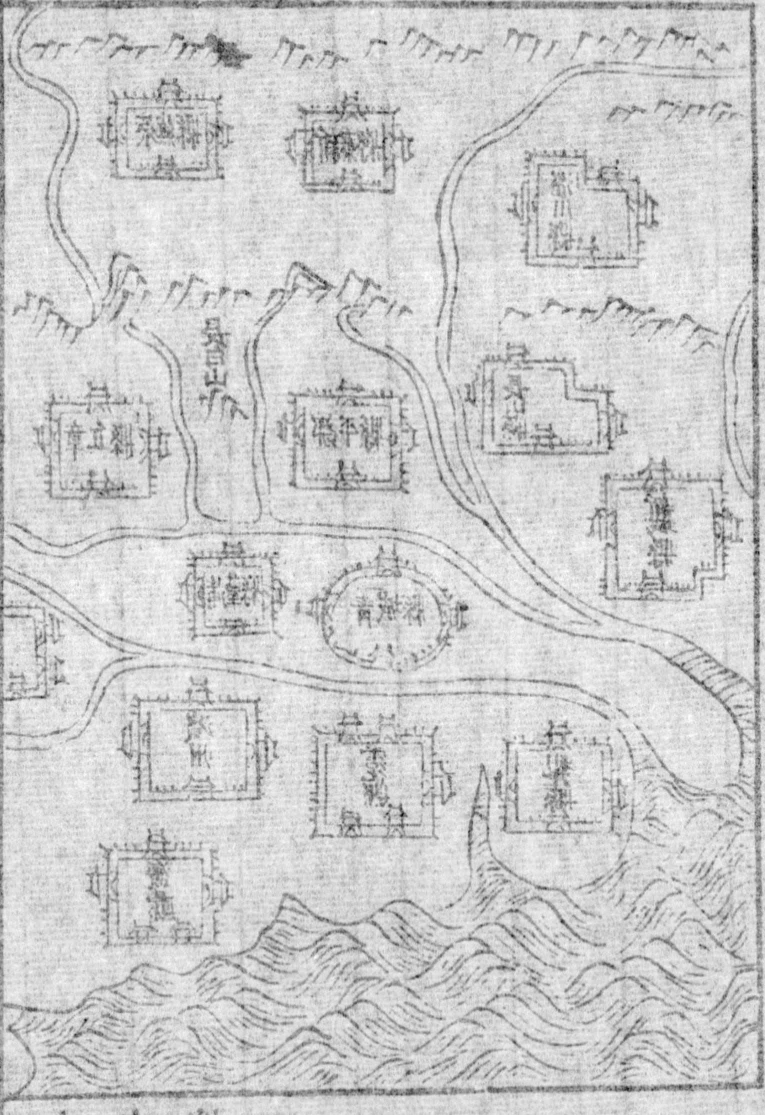

歷城縣城圖說

濟南府領州若縣三十歷其首邑也濟南東六十里爲平陵城晋永嘉末自平陵移于此名歷下城內有舜祠一泉出祠下與灰泉芙蓉諸泉合流滙爲大明湖官舍民居居什之湖居什一芙蕖亂生亭臺錯列一名使君林魏正始年鄭公徵夏日避暑于此取碧筒飲正此地門四南歷山東齊川西濼源北則湖水之達於嶦華者菰稻之利又無窮焉歷亦擅山水之絕勝云

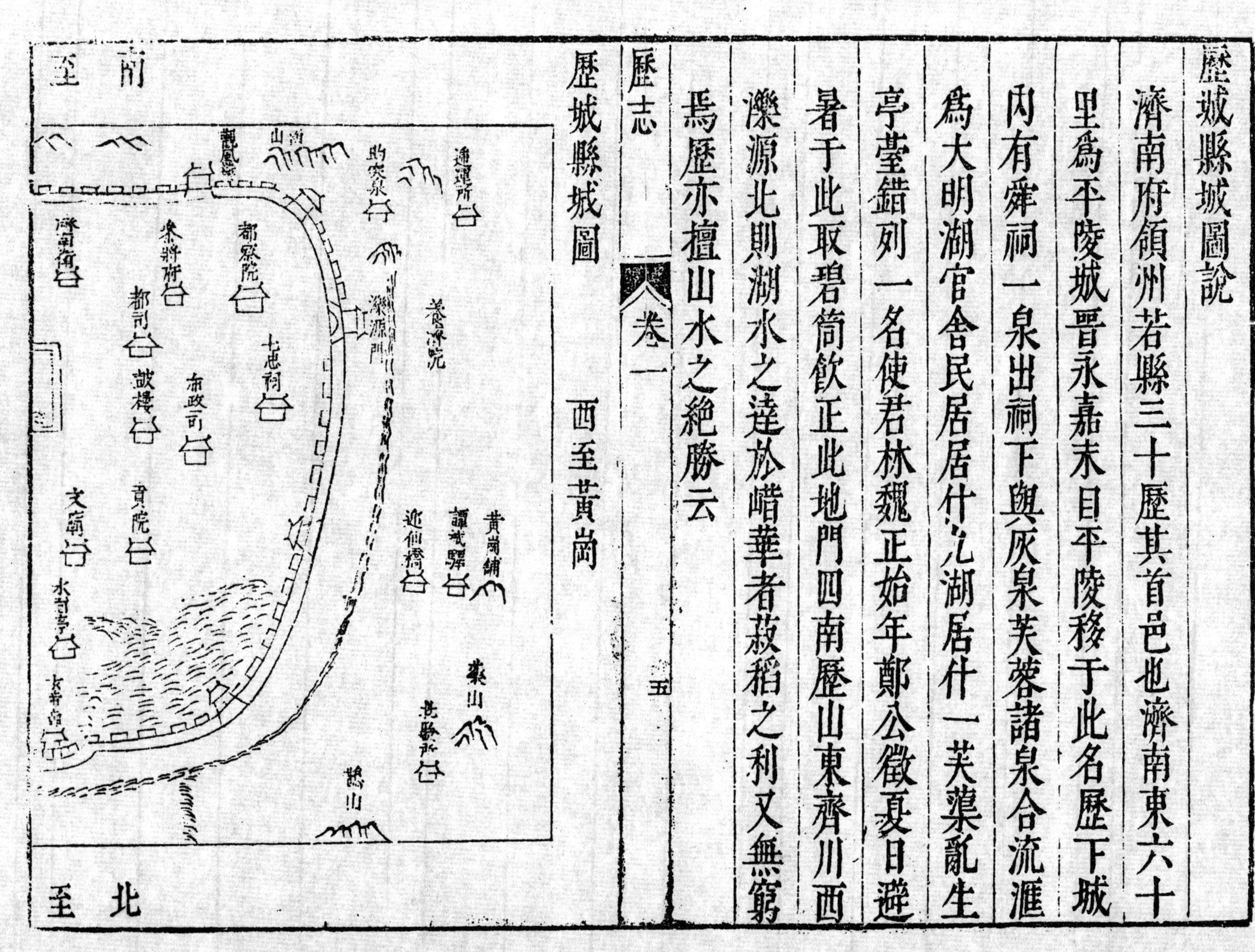

歷城縣城圖

西至黃崗

南至

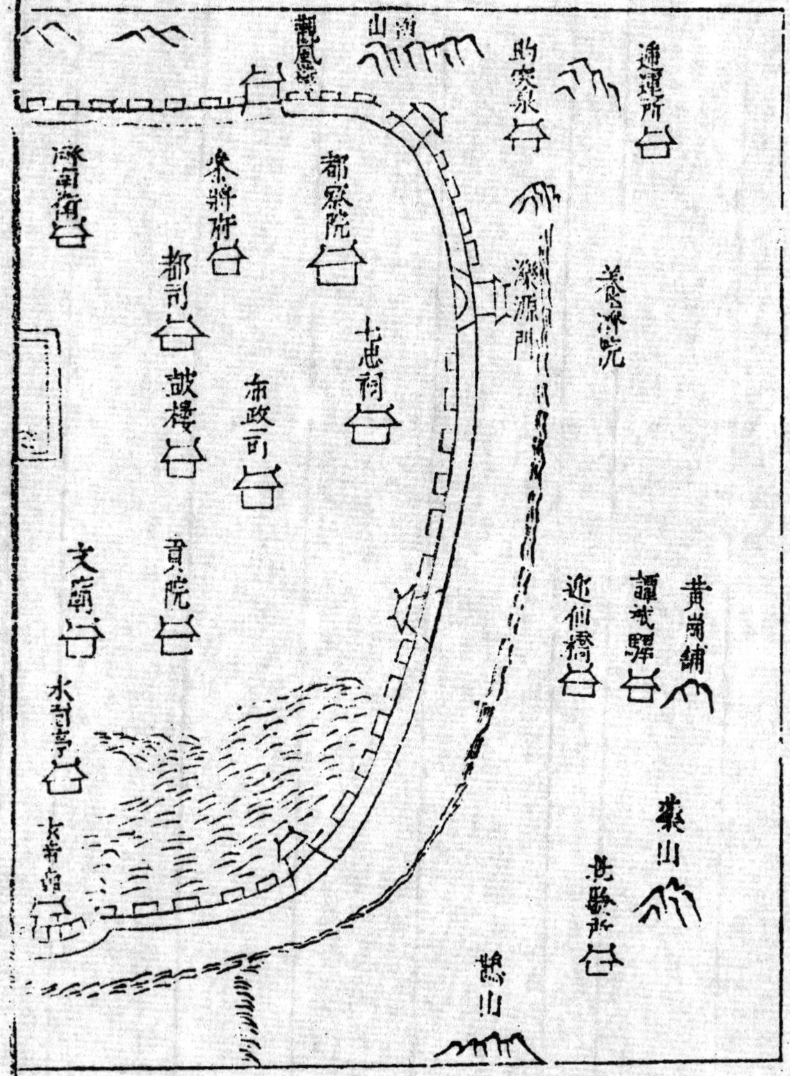

北至

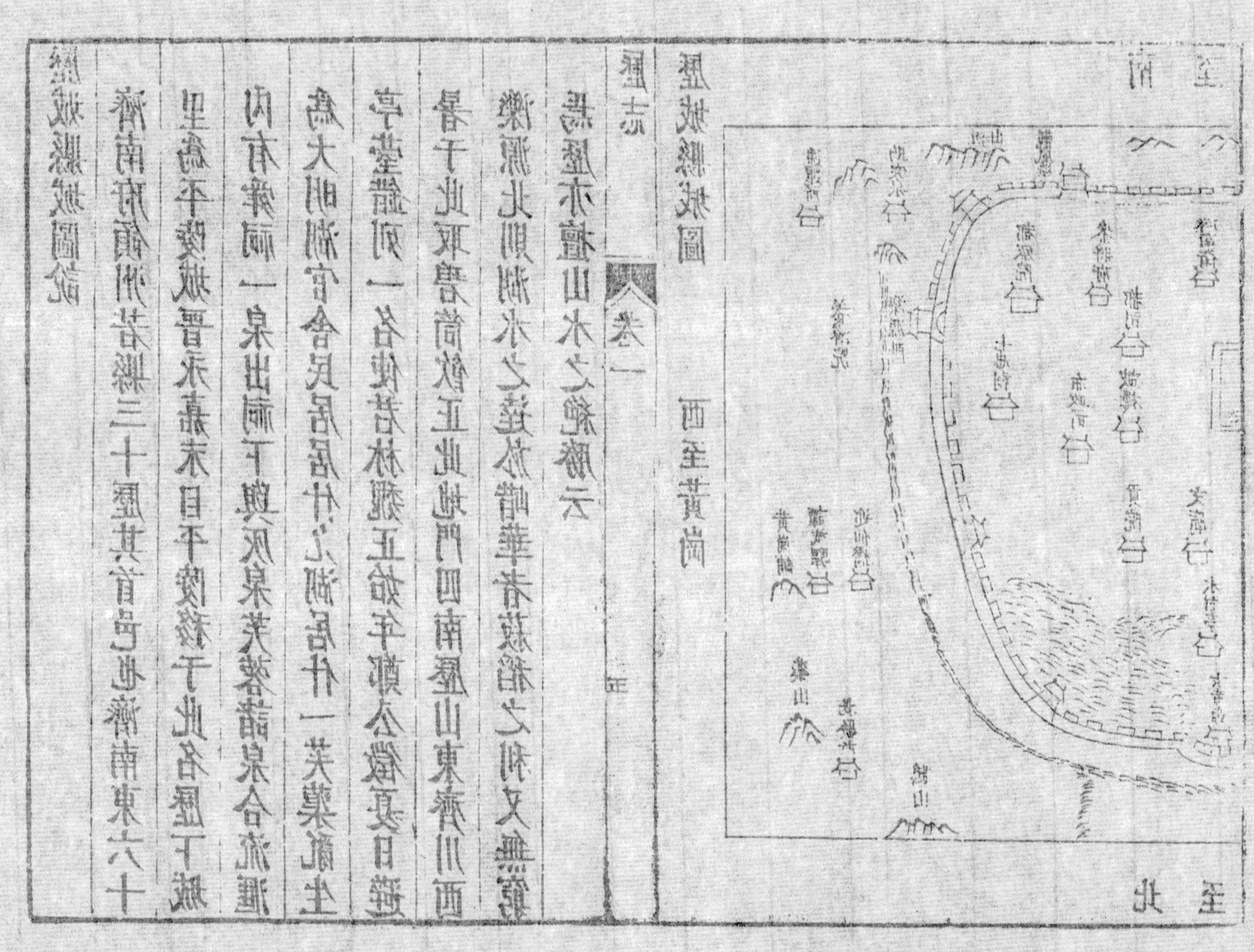

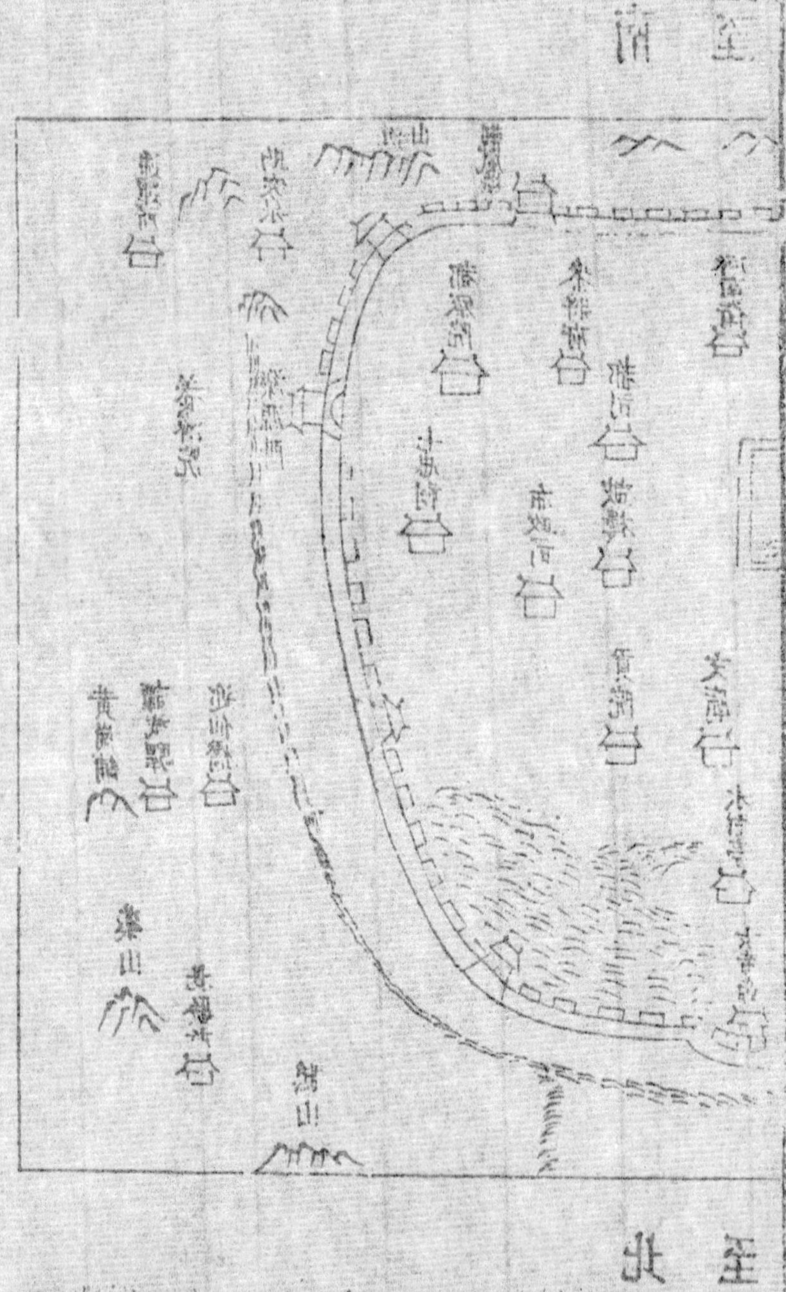

佛山

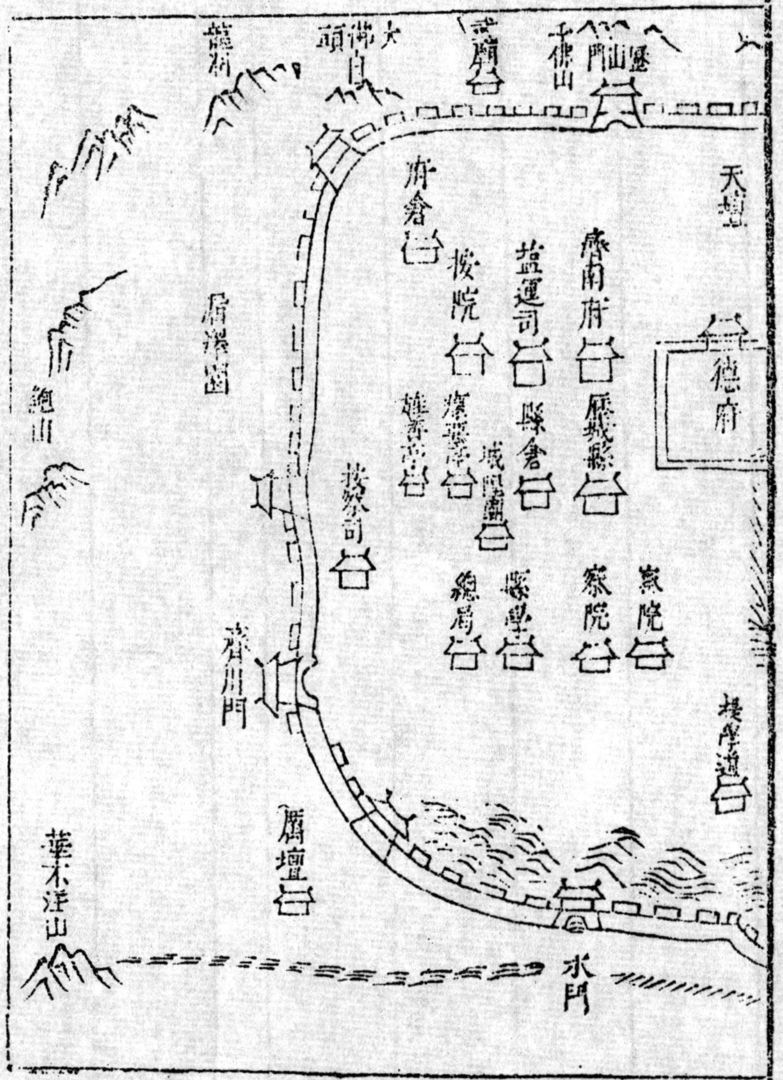

清河

東至龍山

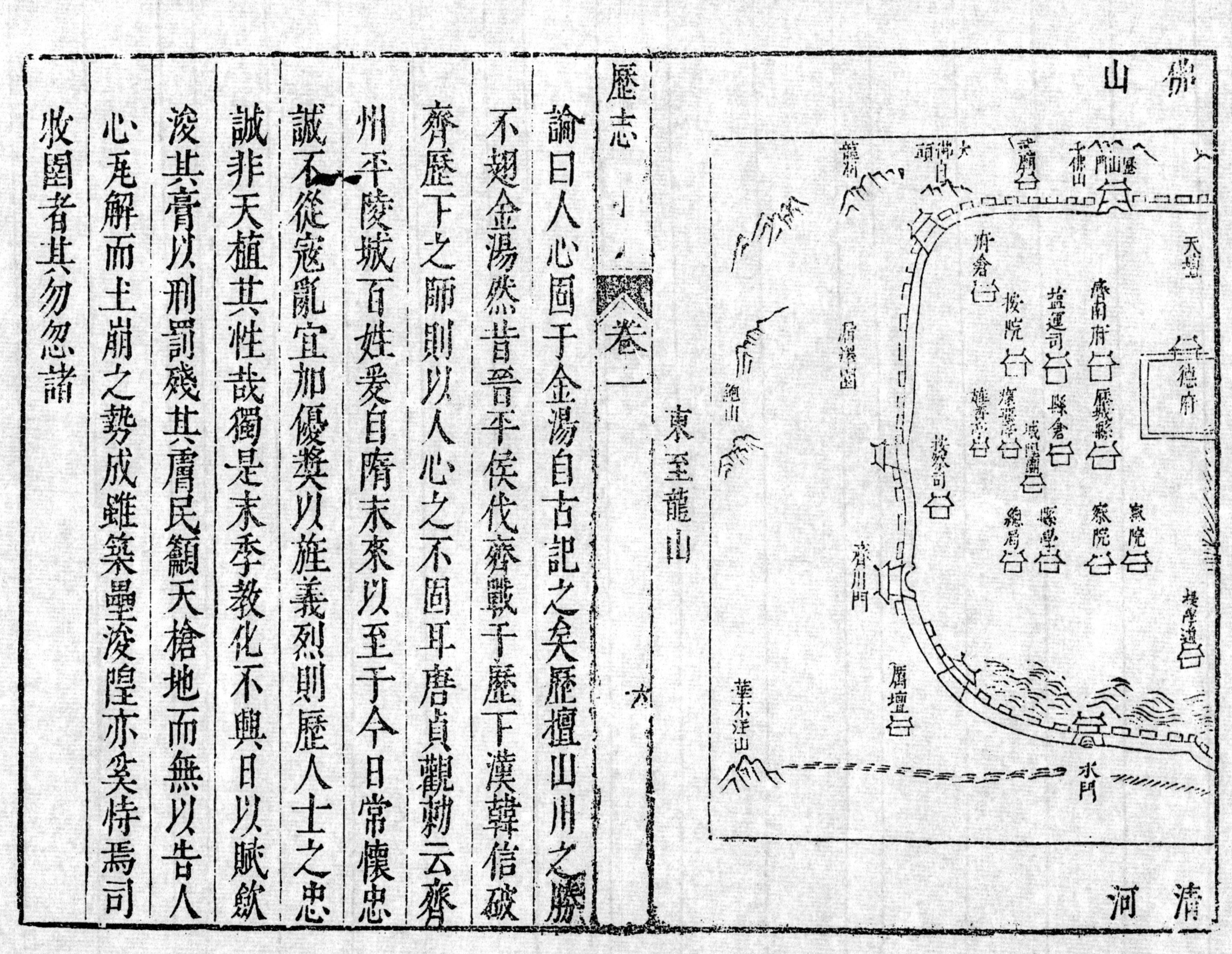

論曰人心固于金湯自古記之矣歷擅山川之勝不翅金湯然昔晉平侯伐齊戰于歷下漢韓信破齊歷下之師則以人心之不固耳唐貞觀勅云齊州平陵城百姓爰自隋末來以至于今日常懷忠誠不從寇亂宜加優奬以旌義烈則歷人士之忠誠非天植其性哉獨是末季教化不興日以賦歛浚其膏以刑罰殘其膚民籲天搶地而無以告人心瓦解而土崩之勢成雖築壘浚隍亦奚恃焉司牧圉者其勿忽諸

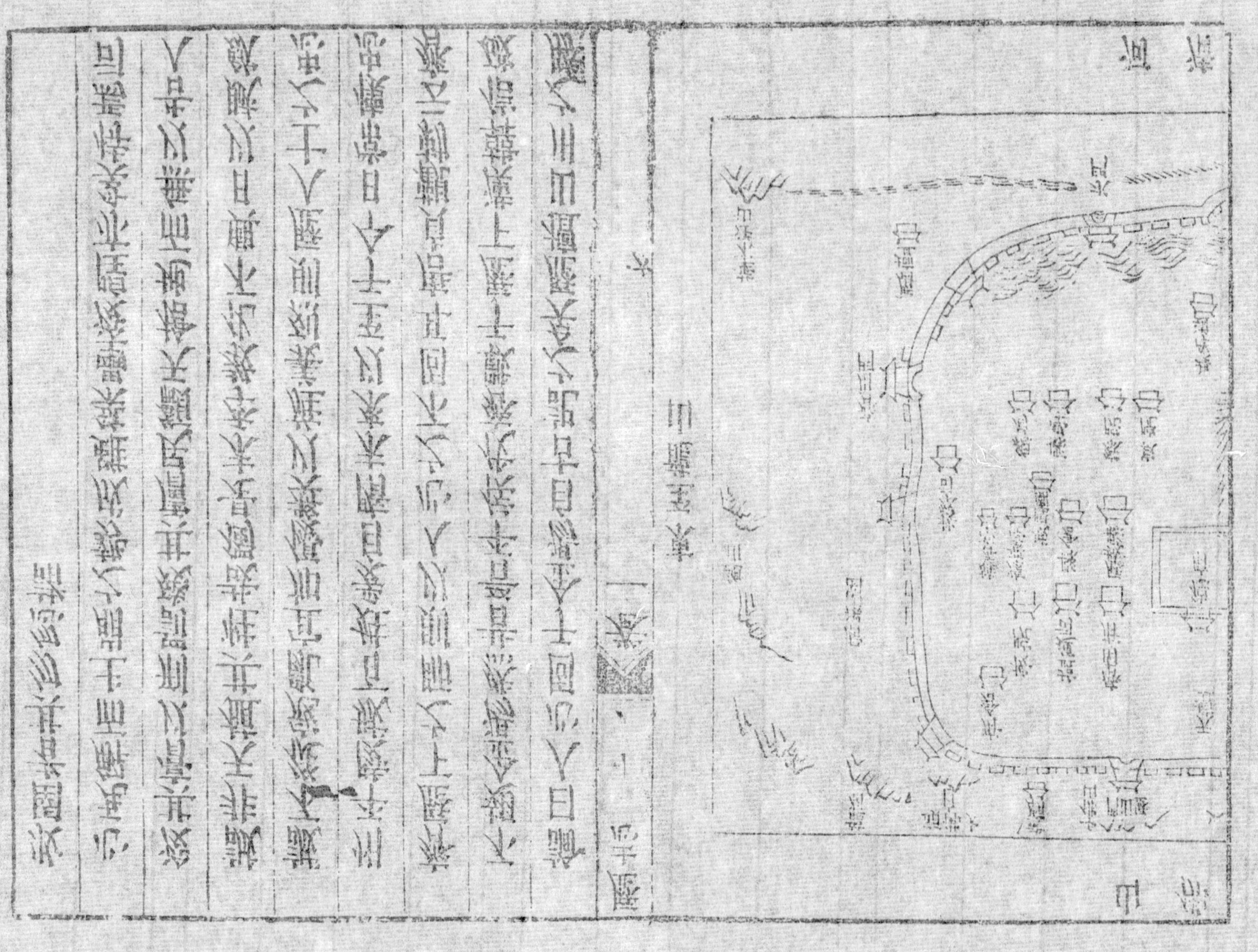

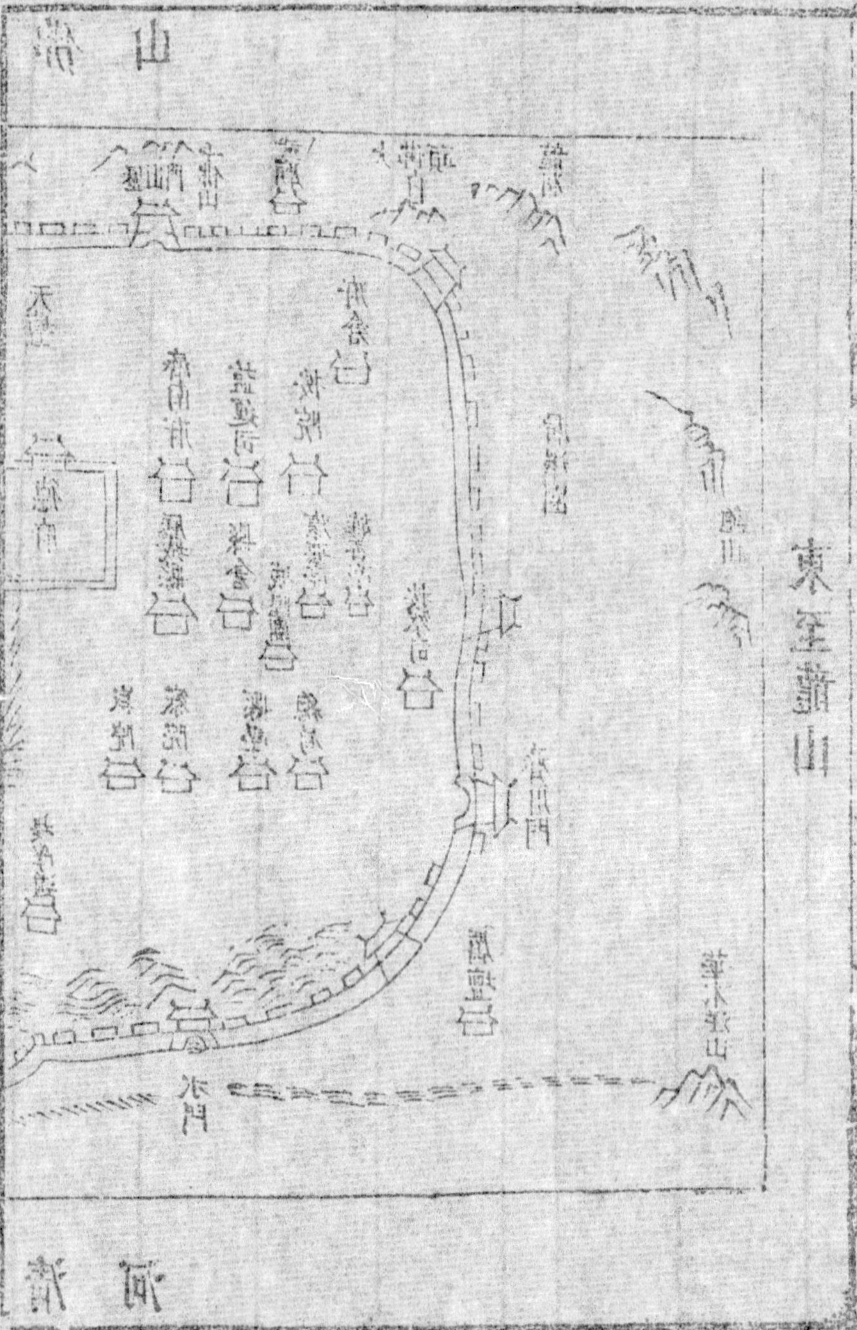

歷城縣圖

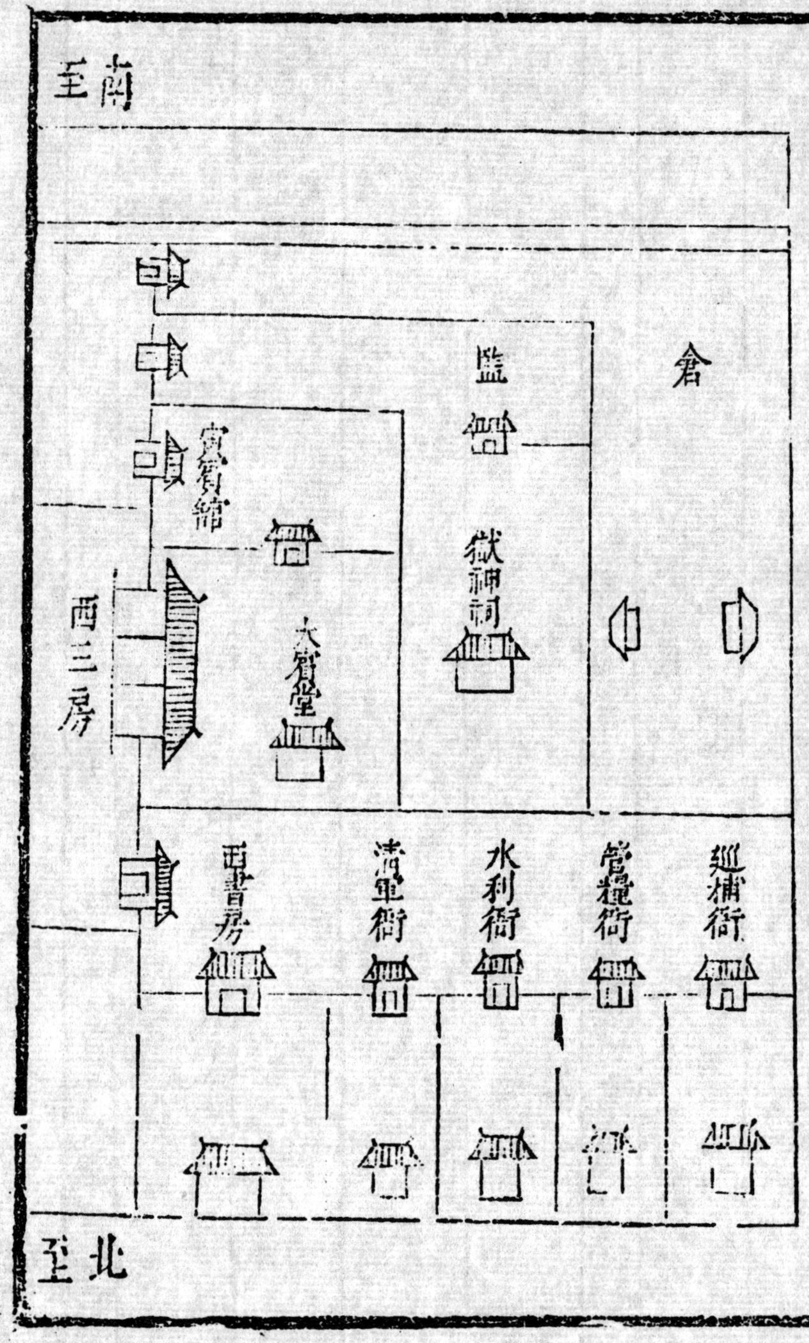

歷城縣圖說

縣制令一丞二簿一尉一各爲宇居之吏胥以及罪囚莫不各有其所奈省會之地德藩蒔于其中且藩臬郡邑及諸公署錯列而布置爲故縣宇之内地不滿數弓房不過數椽窄狹莫是過者先是無延賓之地永年杜令建大賓堂圖扉內皆羅足而立夏邑陳令建草舍十楹裕州吳令又立廣生室嗣是皆視爲傳舍且頹圮不治矧有所建置乎

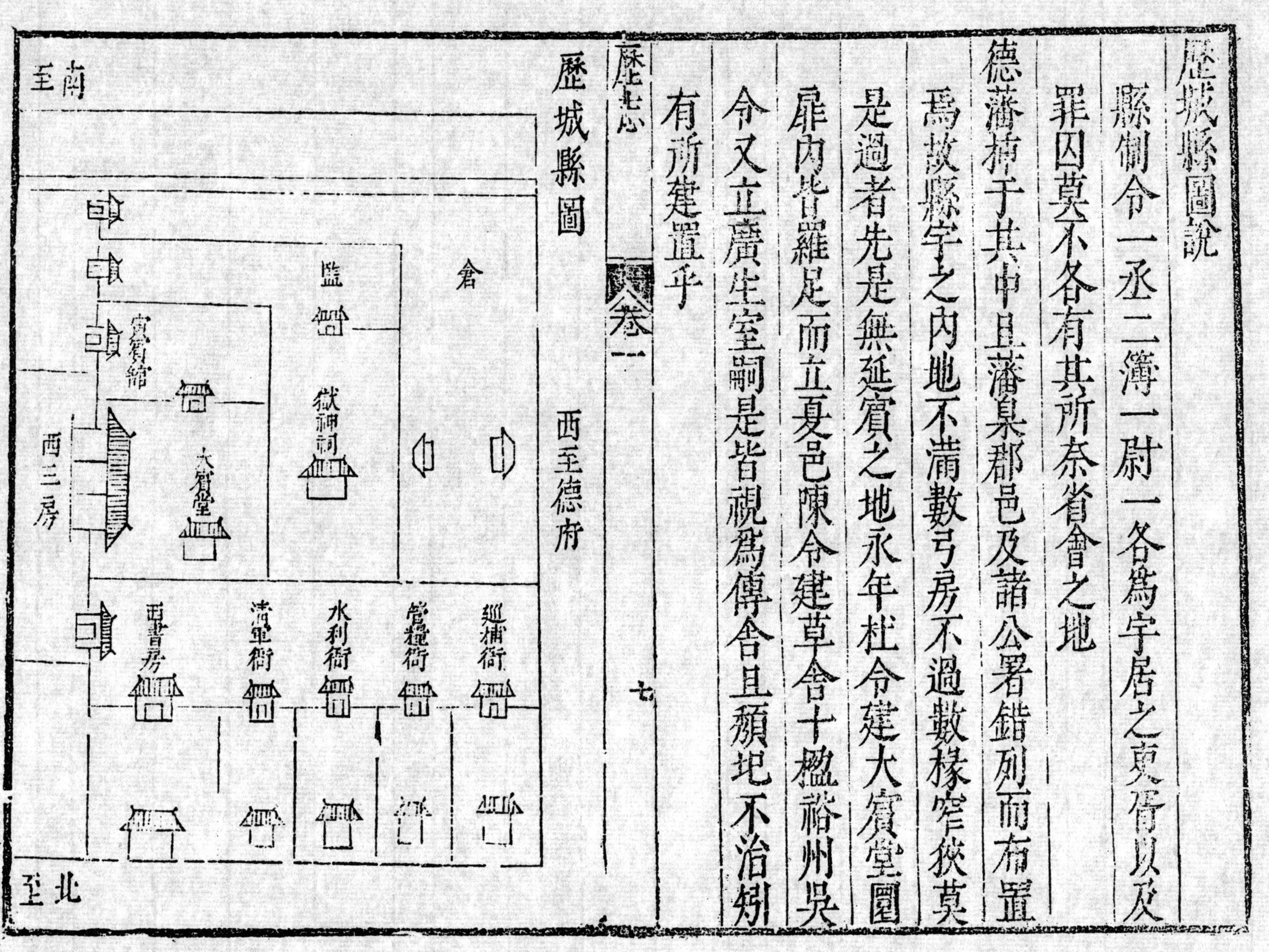

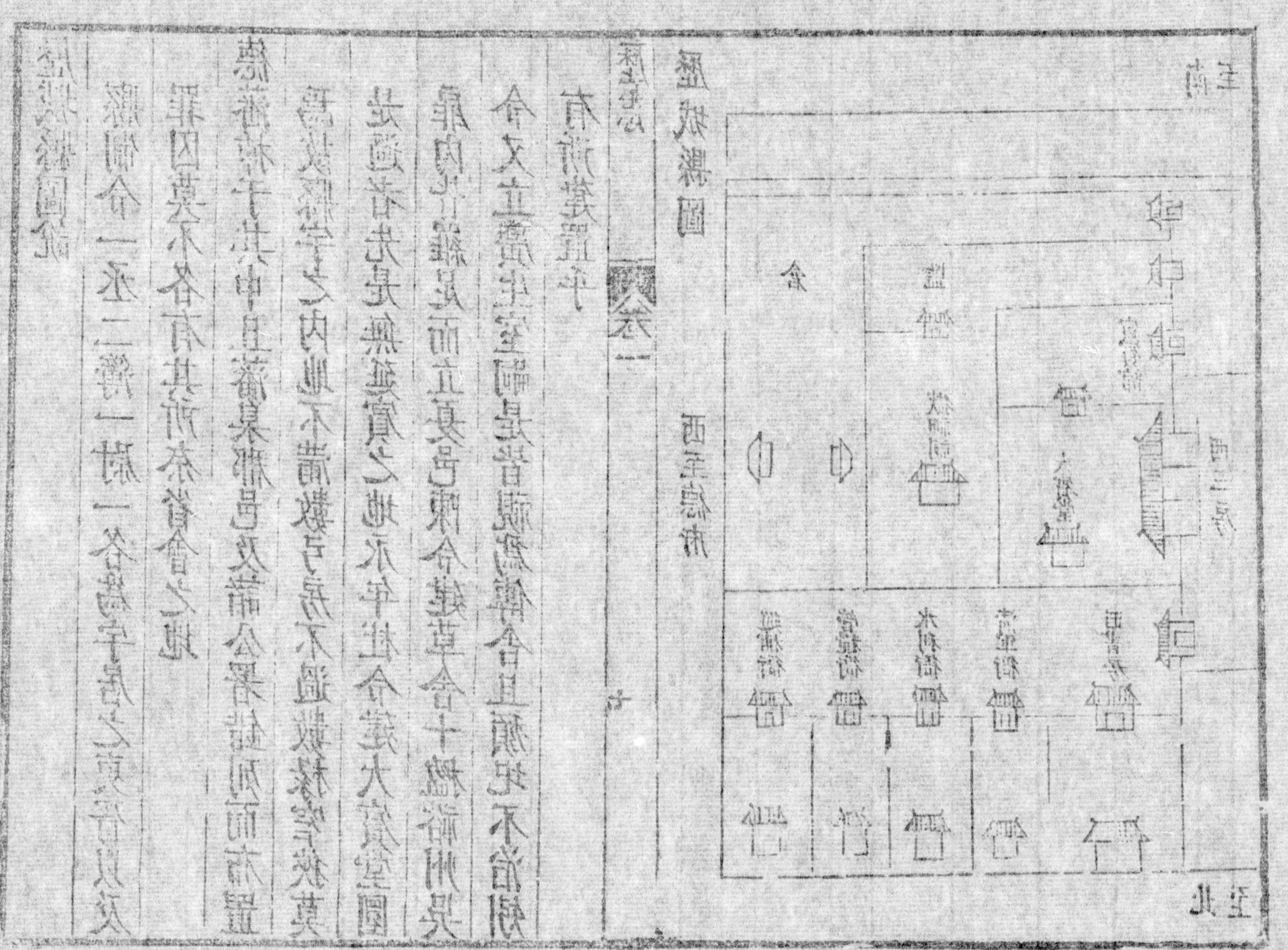

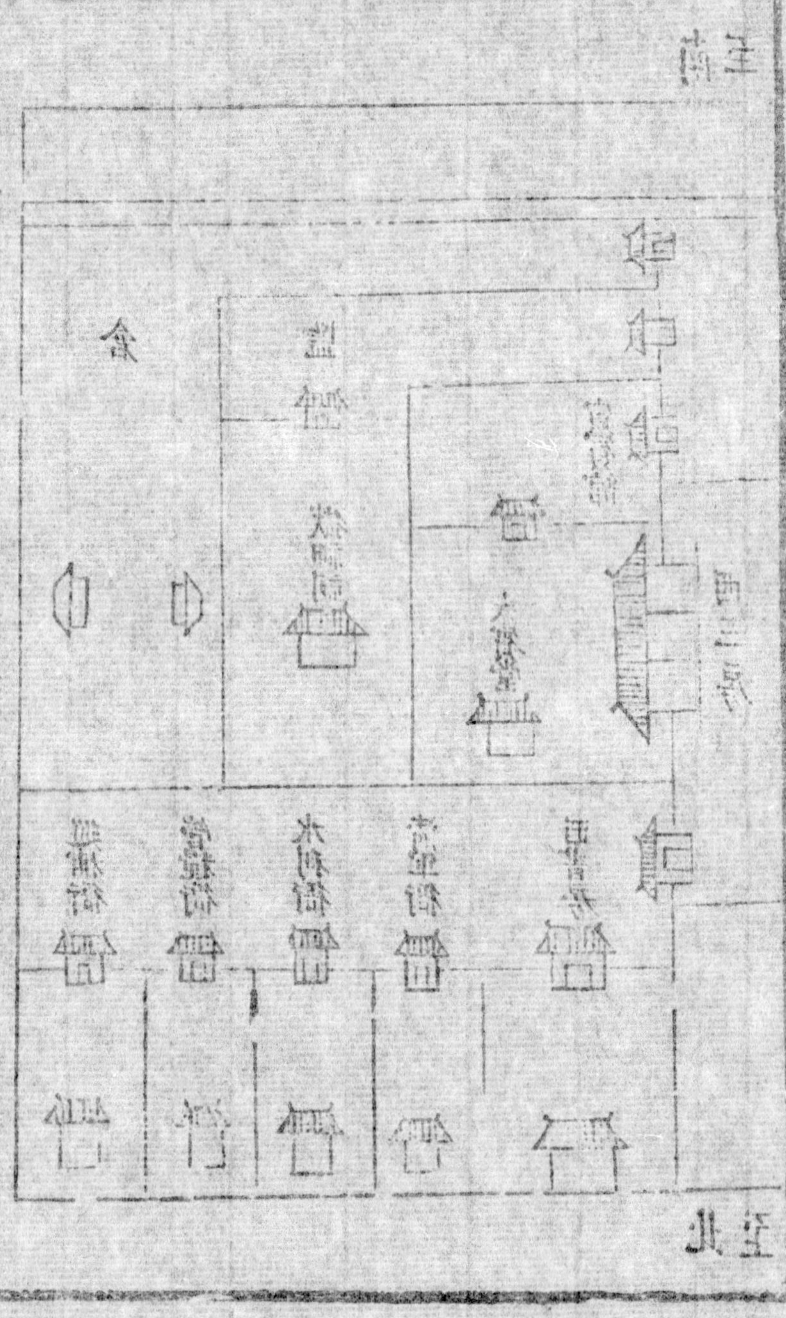

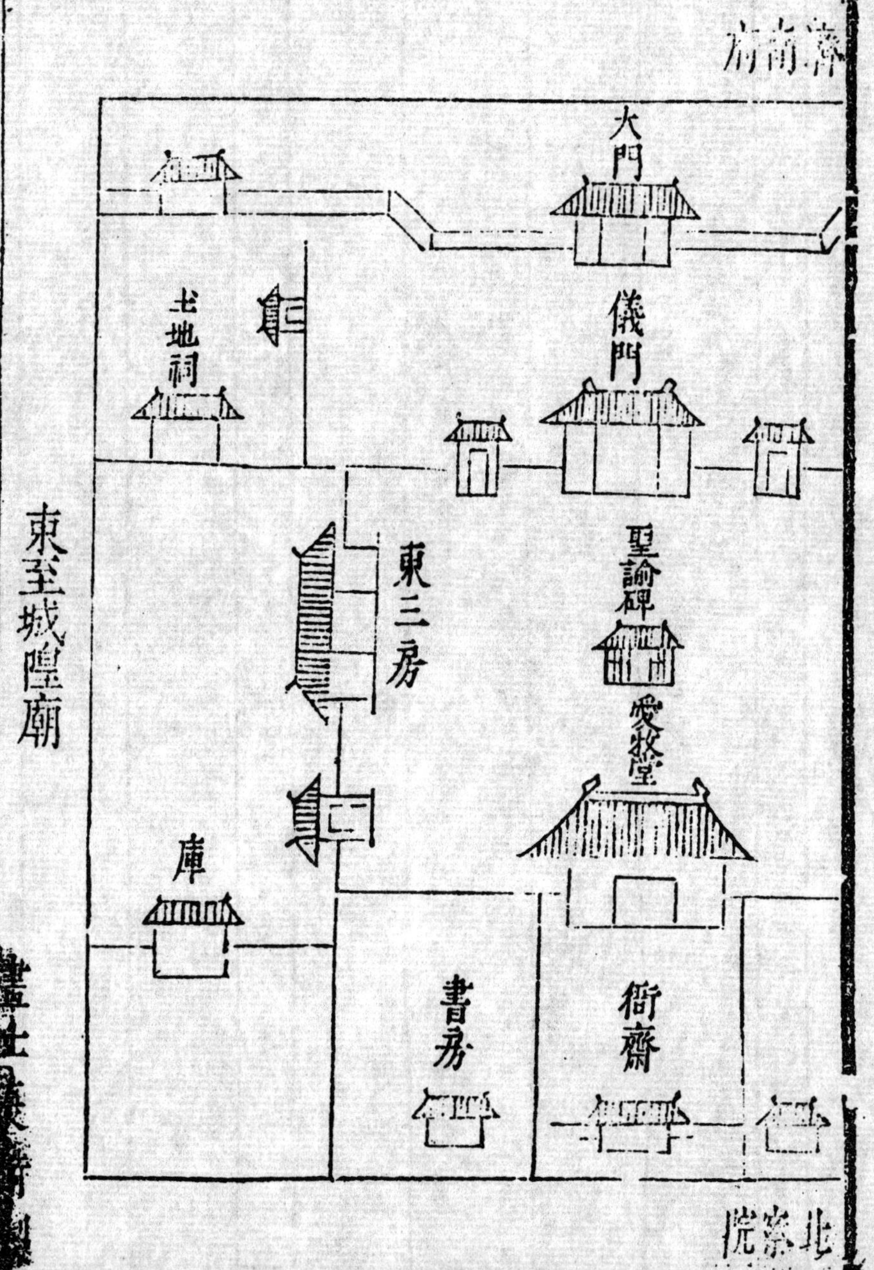

論曰卑宮室而盡力乎溝洫牧民者一意爲民何
宮室是問也詩云鳥下空庭人吏稀苟政簡刑清
棠陰覆砌訟庭皆空存一虞欽禹泣之心則圜扉
亦鞠爲茂草矣故古人庭事容旋馬至今艷說之
倘閉戶而忌同室之鬬自封而無膜外之親則堂
上百里堂下千里門外萬里令也而帝其門含宂
負屈之人如九閽之隔而無所控訴則堂高數仞
榱題數尺徒以貽譏耳故牧民者當以萬間之庇
庇民不貴以大廈自庇也

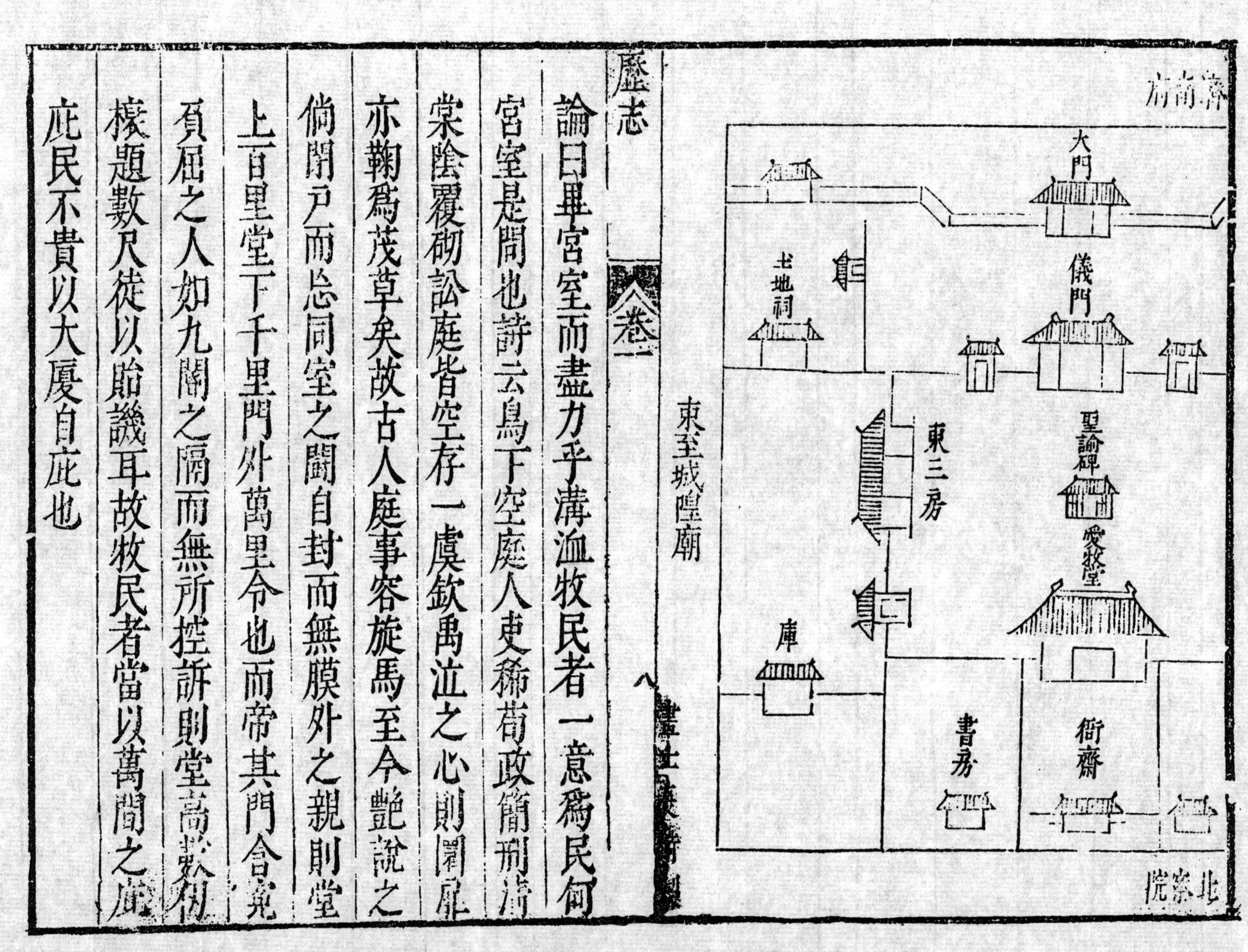

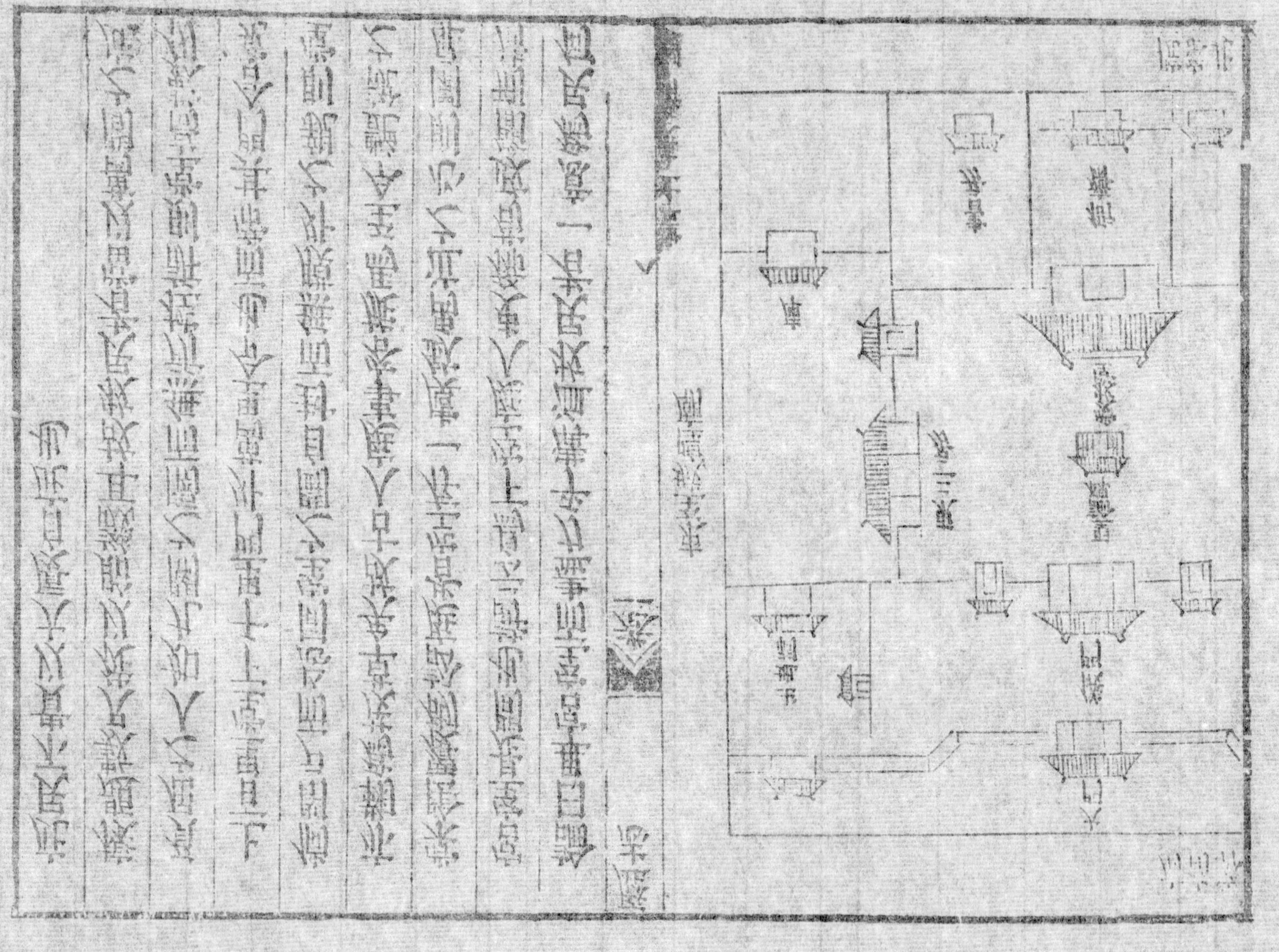

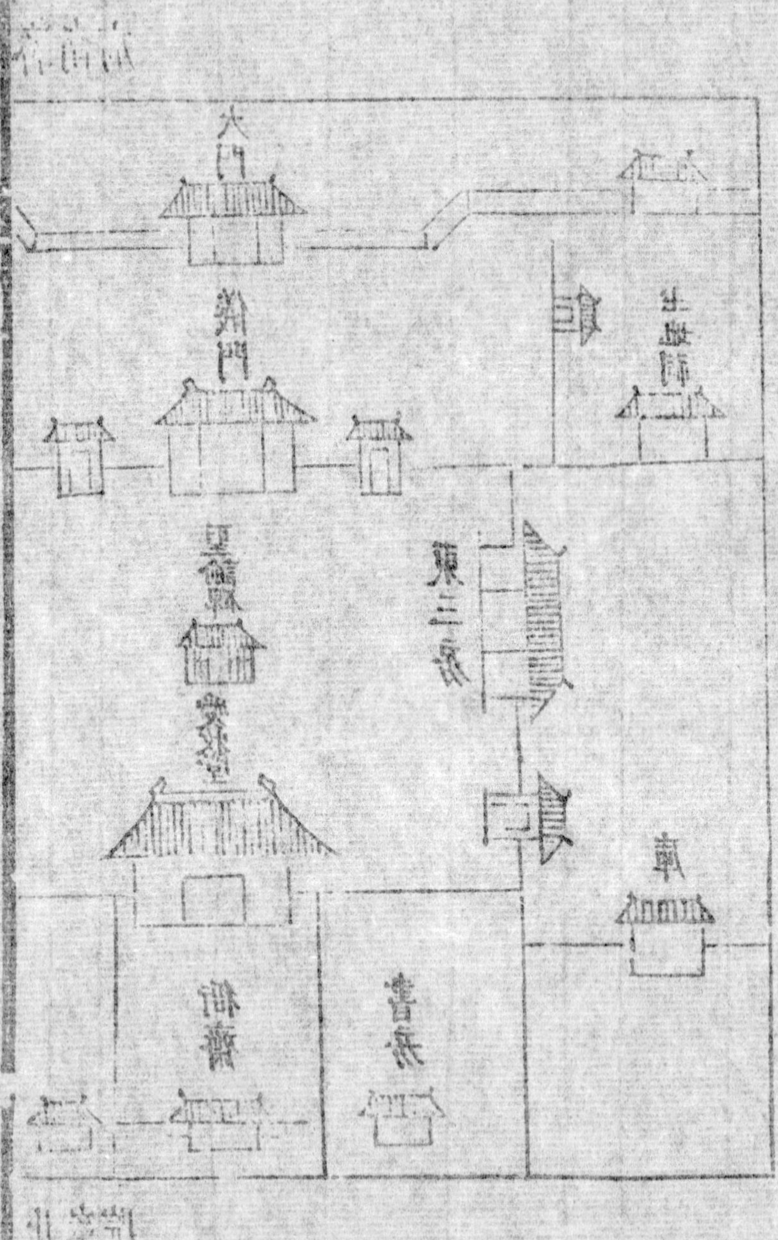

星野考

星者天之精氣所結而成也列居錯峙各有逌屬雜志以二十八宿配十二州通典謂虛危爲齊之分野夫天地大矣中國不過一祑果二十八宿在中國不在四夷如趙普之疏乎亦如鄒衍所云九州之外別有九州乎劉子曰精氣之相綴非東西南北之所繫而謂較如列眉截如畫井謬矣

保章氏曰　日月歲十有二會故有十二次之說建子之月次名玄枵爲齊分野

史遷曰　燕齊之疆候在辰星占于虛危

春秋元命苞曰　虛危之精流爲青州按虛二星上下各一如連珠危二星不直皆北方玄枵之宿

通典曰　青州北據海西距岱齊虛危之分

漢律曆志　帝王世紀皆以婺女爲玄枵屬齊分

堪輿家云　玄枵爲齊之分

江子卿曰　按通志岱嶽之陰主虛危

論曰灝穹之懸象也人事臧嘉係焉在野象物在朝象官在人象事故流星墮而桓玄生妖星出而

符堅滅若影響然洪範云王省惟歲卿士惟月庶民惟日則星官之說非徒然矣

輿地

邑人劉勅撰

齊海岱之邦也海爲四瀆之長岱爲五嶽之尊歷居海岱之中故到處皆泉而澄徹可鑑眉鬚連陵皆山而蒼翠宛如抹黛即小之一勺一拳亦令人心賞此自古名賢巨卿輩出其間也第國瘠民貧不能爲山水之助遂使遊觀之士薄歷下爲無奇耳安得有韵士點綴其間爲此地一吐氣耶

山類

天地成而聚於高故名曰山歷下之山脉自泰山

來高者曰山高而秀者曰峯山之連陵者曰嶺曲廻者曰峪山邊曰崖山腰有竅曰峒爲名不一大都泰山之於丘垤類也出雲導風從乎天地之間育萬物而不倦四方並取而不限此仁者之所以樂也歷山獨爲濯濯則以斧斤之不時耳長民者試一禁之庶可爲山靈之助云

歷山　城南五里即舜耕處漢鄭玄謂歷山在河東宋曾鞏嘗辨其非見齊州二堂記亦名千佛山題咏見文苑

華不注山　城東北一十五里一名金輿山下有華泉左傳齊晉戰於鞌齊師敗績逐齊侯三周華不注即此唐李白詩云茲山何峻絕綠秀如芙蓉題咏見文苑

廟山　城東一十里上有舜廟故名今廟廢或作妙山非是

標山　城北一十里山石並立如標故名元張養浩記

筐山　城西一十里山形如筐故名

四里山　城西南四里與馬鞍山相連上有玉皇廟

馬鞍山　城西南五里上有王母廟

大佛山　城南五里上有文筆峯下有甘露泉八景所謂佛山賞菊者此也內有石室昔人多讀書其中今廢

鐵牛山　府庠大門內有一鐵在地中如牛狀俗傳爲鐵牛山古人於臨水處多以鐵鎮之此處邇湖義或取爾也地內尚尺許而名爲山非

鵲山　城北二十里雒口鎮其山無峯望之如翠屏大淸流於其下鹽賈所處世傳扁鵲煉丹於此宋曾鞏詩見文苑

函山　城南二十里泰山之北麓又名卧佛山酉陽雜俎云齊郡函山有鳥名王母使者漢武登此得玉函尋化爲白鳥飛去即此

鮑山　城東三十里世傳鮑叔牙管仲分金處山下有鮑城蓋叔牙食邑宋曾鞏詩見文苑

龍洞山　城東三十里一名禹登山上有一洞入

之傴僂而行可里許又有錦屏崖内有二石甕崖有錦屏春曉四字上有三秀峯獨秀峯下有黑龍潭懸珠泉此歷下山之最勝者題咏甚多見文苑

九曲山　城南二十里產五色石可愛又名寶石山

石固山　城南五十里上有飄峯

鳳凰山　石固山南

錦臺山　城南四十五里相傳漢武帝於此望祠

蓬萊

黃山　城西南六十里周匝城岱陰諸水奔流至山西滙而爲池伏流至城西出爲趵突泉

紅山　城南五十里中宮東上有洞神鷲護之

峯

瓢峯　渴馬南崖上其形似瓢相傳許由嘗洪水時瓢無所用故掛巖間至今雲自瓢出則雨雲歸瓢內則晴

三秀峯

獨秀峯　俱在龍洞山上

文筆峯　大佛山項平太守建

寨

天懸寨　城西有漢酈食其墓

白蓮寨　大佛山之南元白蓮公主所居至今石壘石白存焉

妙眞寨　龍山宋末長白山寇李全據濟南時其妻楊妙眞所居者

馬武寨　城西南七倫庄史稱武未遇光武時綠

林渠寇流刼至此

魏花寨　渴馬崖北宋指揮魏花所居者

九女寨　魏花寨南一名三媳婦寨三石壁直竦

如三婦並立雲中

嶺

兎兒嶺　千佛山正南其東即圉馬場乃桃行一

帶之徑

大泉嶺　桃花嶺正西乃窩鋪一帶之徑

北儒嶺　函山正南乃中官一帶之徑

丁公嶺　石岡山西乃渴馬一帶之徑

黃崗嶺　城西五里乃齊河之徑

羊山嶺　丁公嶺東乃宅科石灰溝之徑

八道嶺　大佛寺西北乃北川之徑

勞泉嶺　乃黃家峪之徑

桃花嶺　乃雲河之徑

鐵脚嶺　乃張家坡之徑

大澗嶺　乃西營南營之徑

月牙嶺　乃章夏一帶之徑

旋子嶺　老鼠灘東南乃東西二務之徑

棋子嶺　有三東南二嶺通官木廠西嶺通黃家

峪

水牛嶺　乃柳埠之徑

草山嶺　城南二十里乃神武之徑

峪

佛　峪　龍洞山東逶迤而入兩山夾谷寺最奇

峻亦可藏脩

鳳　峪　臥狼山西崖懸雙峒面壁孤峯旁小篁

岩則幽香滿澗峪南出五色石可愛

袁洪峪　柳埠東南幽如盤谷泉聲瀑布花鳥不

可勝記

梨　峪　柳埠西南兩山一水延袤三十里直抵

長城

雙井峪　入道嶺後山夾清溪村環綠水春深桃

花夾岸疑若桃源

崖

渴馬崖　城西南五十里石固山下有東西二[illegible]

紅鶴崖　神通寺北石壁凌雲
八石崖　玉泉寺東南八峯陡立勢欲摩天
老君崖　龍洞庄正南削壁千尋直冲霄漢

峒

呂仙峒　千佛山之腰酒遊于此明湖俱在目中
亦一奇勝
龍泉峒　千佛山殿側有水冬夏不竭味甚甘煮
茗堪比雪水
目塵峒　大佛山東崖有謝鵬舉記

金牛峒　華不注山相傳內有金牛
龍　峒　龍峒山西透深一里許
子房峒　在扶山東南曲折可深百餘丈其內爲
黃石留侯外爲玉皇三淸峻閣凌空

水類

水者元氣之津液也天在地外水在天外浮天而
載地者也涵太乙之精故能潤澤萬物而行乎地
中水通流曰河水所滙曰湖水所出曰泉掘孔而
汲曰井蓄水曰池水旁流曰溝水聚而花草交曰

[illegible]而不流曰滲深者曰潭山峽水曰澗通舟處曰渡卑濕處曰洼爲名雖殊要皆水之類也孔子曰水者君子比德又曰非水無以準萬物之平清且平吾以望歷之君子

河

環城河　城以外盈盈皆水也西南則趵突諸泉東南則黑虎諸泉城內則　德藩灰泉滙爲明湖由北門而出合東西兩水環而遶之獨南方高亢則以二閘啇焉真高城深濼足稱金湯者邇來久乏疏濬水不盈尺此人文之所以衰也向令人種荷雖甚可觀而水日壅淤卒焉有警恐不及濬不可不戒諸

大清河　即濟水故道自兗州東北流經本府長清齊河歷城濟陽齊東武定青城濱州蒲臺利津入海此鹽賈通舟之處

小清河　水出大明湖環城而東合黑虎諸泉之水東北遶華不注山經章丘鄒平新城諸縣入海此劉豫之運河今湮其故道當事者屢屢議

濼水果

玉帶河　水出　德藩分派入府學經啓聖祠折而西又折而北於崇制閣前轉而東復入明湖郡首樊大瀛重脩學宮因於巽方建一亭亭前滙一池水來潺湲有聲蓄金鱗數頭可玩可愛且人文丕懋士民感德建亭立碑以志永思云

湖

大明湖　在城內源出灰泉滙爲明[redacted]居城之什一湖光漣漪樓臺錯列夏則荷花十里香氣襲人冬則瓊宮瑤宇宛如圖畫春而綠樹紅桃秋而白蘋紅蓼四時皆可樂也鼓一棹于中若在天上曾子固所謂折筒地也騷人題咏甚多見文苑

濯纓湖　在　德藩內灰泉諸水皆滙于此廣可數畝一清澈底可鑑眉鬚[redacted]柳交匝百卉掩映龍舟蕩漾人世所無若爲　王孫開福地也

鵲山湖　在城北二十里鵲山之下此趵突泉之下流大明湖亦分流于此今莫辨其地或滄

之變云說者謂華不注山下滙爲鵲湖僞齊劉豫自城北導之東行爲小淸河而水不及鵲山湖矣鵲與華相距十里則當時胡不名華山湖而曰鵲山湖也觀舊志水不及鵲山湖之說益明矣

景陽湖　屬德藩

廣平湖　屬德藩

濁阨湖　在城東六十里平陵城相傳諸水注之不盈故名

泉

趵突泉　城西南發源於王屋山下三伏三見禹貢所謂沇水是也三竅突起雪浪横飛聲如轟雷冬夏如一趙松雪詩云趵突名泉天下無豈其然乎諸名家題詠甚富見文苑

香　泉　舜祠西廡下其水六十年一發發則沿皆繞砌流入明湖數月方休

杜康泉　舜祠西小巷内世傳杜康於斯泉釀酒

金線泉　城西陳憲副青舍其泉上浮若有

然者故名

珍珠泉　城東南臨河浮若珍珠故名又云一在
德藩又云一在鐵牛巷今堙淤莫辨其址

天鏡泉　西關五龍潭側昔名江家池張元平觀
察改爲天鏡其泉清徹可愛

芙蓉泉　韓觀察宅其水透迤而北流至泮池流
華東太守濬其渠名曰梯雲溪

玉環泉　布政司街其水甘冽居民皆汲于斯

孝感泉　西門内孝感坊北

容脂泉　西門外道北

甘露泉　大佛山寺中一洞其水涓涓而下滙爲
一池味甚甘冽經歲不竭有天生自來泉五字

華泉　華不注山下昔逢丑父令齊頃公取水
於斯今竭

都泉　中宮東南

柳泉

車泉　二泉中宮東

林汲泉　佛峪内

滿井泉

煮糠泉　二泉俱趵突東西廂下今淤

白雲泉　德府內劉氏泉南

馬跑泉　趵突泉東北今有關王廟在其上

金虎泉　即黑虎泉也崖下水出滙爲一池湲湲

　有聲流入城濠其泂可鑑眉鬚

西密脂泉　東密脂泉西

雙桃泉　西門外丁字街

惠民泉　城內與玉環泉對

濯纓泉　北珍珠泉西

白公泉　在開元寺西

白花泉　大佛山西

懸珠泉　在龍洞

劉氏泉

灰泉　俱在　德府內

酒泉　湛露泉　皇華泉　臥牛泉

柳絮泉　東皋泉　無憂泉　石灣泉

溫泉　汝泉　龍門泉　[illegible]泉

懸泉　爐泉　白泉　金沙泉
白龍泉　花泉　漿水泉　煮糠泉
蒿苣泉　知魚泉　登州泉　望水泉
洗鉢泉　双井泉　鑑泉　混沙泉
灰池泉　滴水泉　灰灣泉　賢淸泉
斛斗泉　鹿泉　雙女泉　道士泉
陶朱公泉　南煮糠泉　北漱玉泉　南漱玉泉
以上諸泉有其名而莫辨其址有巡道晏公詩
郡守楊公賦見文苑

井
羅姑井　縣治東一方之水皆苦獨此井甘昔井
上有亭今圮矣
孝應井　北極臺下鄒龔記
陳公井　火爐庄縣令陳抑吾穿一方皆汲斯水
孝感井　城之東南三里許邑人劉勅廬墓所
鑿水甚甘刻
胡千戶井　縣治後
池

泮池　一在府學門外一在縣學門內

飲馬池　城內都司北池有芙蓉堤出文廟東俗呼爲疊道云

白龍池　圓通寺西

雲錦池　在雲莊

江家池　西關五龍潭傍今改爲天鏡泉

瞽女池　元劉廷式娶瞽女女於此池三飲而生三男

溝

錦纏溝　西關迎仙橋下

石峽溝　城南崇佛寺南

五里溝　城西五里

韓信溝　九里山傍

洲

百花洲　百花橋側

灣

三娘子灣　西門外東流水北世傳有女子三人嘗墜于此故名其水發源縣人君髮衆岸檢鄉

董方伯卜築於斯
老龍灣　城東三里其水冬夏不竭
賀家灣　靜居寺東
潭
五龍潭　西門外舊有五廟張元平令公建一灇
雨亭又爲鮫人室禱雨屢應内有黄鍾梅大司
空詩見文苑
黑龍潭　在龍洞山
澗

朱龍澗　大佛山西澗陡而幽
廻車澗　華不注山下左傳郤至追齊侯處至今
澗草俱連霿蔓生如旋螺
百尺澗　㝎頭正南岩秀而長亦復陡絶
渡
張勝渡　城北二十八里
邢家渡　在大清河
游家渡　在大清河
新開渡　在堰鎭北

注

懷家注　城北三十里知縣張鶴鳴為渠洩其水遂為腴田土民為祠祀之

畢家注　城西五里

論曰山水何嘗一日不流峙於兩間非達人韵士不能領畧其趣胸中不先具一丘壑即覿面亦失之僕僕腥塵者可置勿論即手板看山花間喝道不令水鬼山神笑乎天生名山勝水以供人之逍遥偃傲顧不能一涉躐其間恐韓退之謔明道士先生見而揶揄也

沿革

邑人劉勑撰

道有升降政有俗革則三代以下若循環然故名有可仍不妨遵前人之定制義有可取亦宜從一代之新裁或相時取義或易地移名廼通變以宜民損益以定制也合古今而上下升降可永鑒矣述歷下建邦之槩俾生長斯職守斯有所攷焉

周　爲譚子國魯莊公十年齊師滅譚譚子奔莒

春秋　齊地

戰國　齊地

秦　屬齊郡歷下城

漢　置歷城縣屬濟南國

晉　屬濟南郡初在平陵城後移於此

隋　初罷郡以縣屬齊州

唐　廢平陵縣附歷下

宋　仍爲歷城屬興德章

金

元　仍爲歷城附濟南路

國朝洪武九年三司移治於濟南故歷城爲省會地

論曰因革損益所以新一代之制也自白茅青社釀禍宇中故或食于斯或國于斯而更代迭謝有定地而無定名要之親賢並建使之各有寧宇耳嗚呼土宇猶是土宇也犬牙錯繡參差割裂隨代易名一不道遂成丘墟則有土者不可不抱土崩之慮也

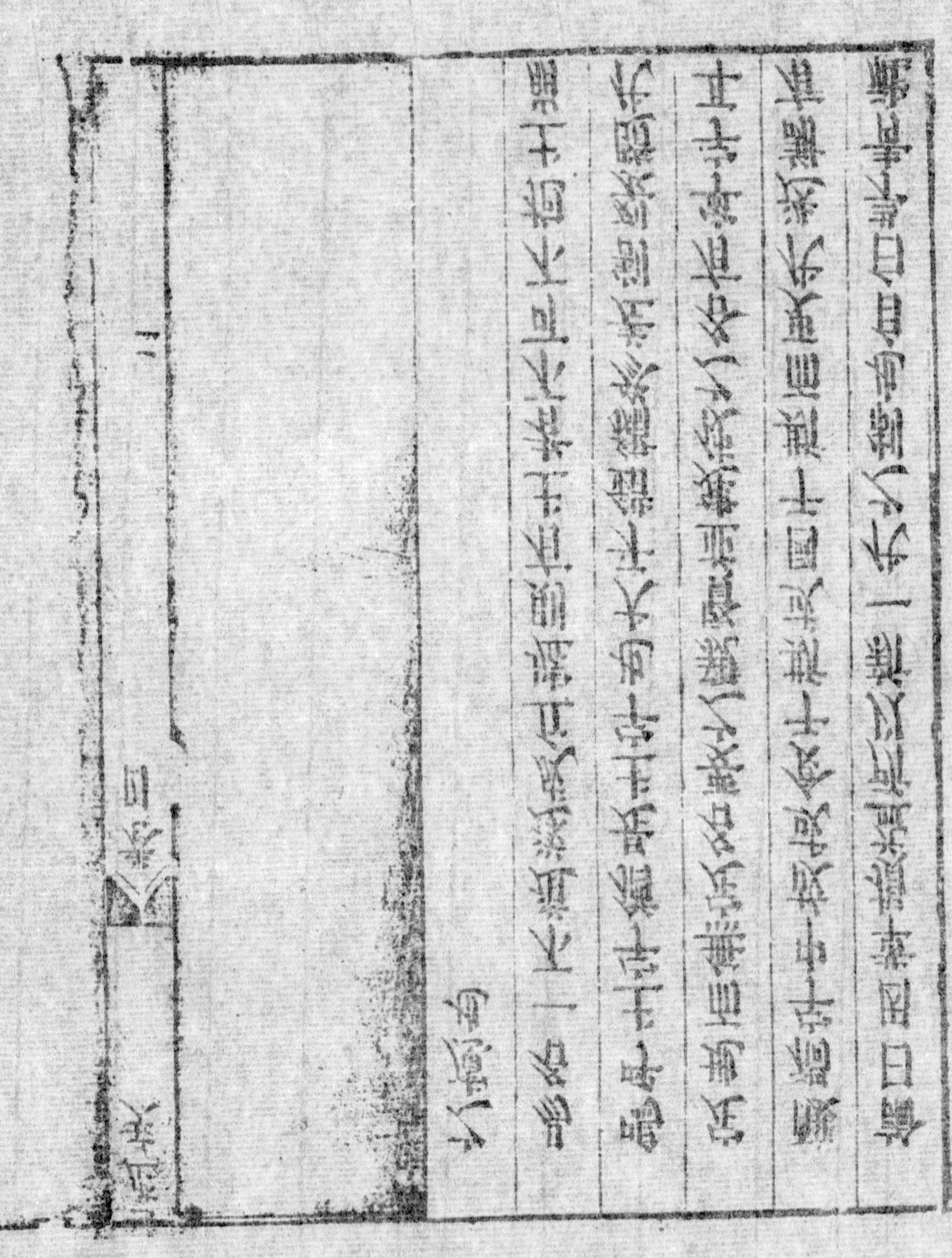